utb 5744

utb.

W0285661

**Eine Arbeitsgemeinschaft der Verlage**

Brill | Schöningh – Fink · Paderborn
Brill | Vandenhoeck & Ruprecht · Göttingen – Böhlau · Wien · Köln
Verlag Barbara Budrich · Opladen · Toronto
facultas · Wien
Haupt Verlag · Bern
Verlag Julius Klinkhardt · Bad Heilbrunn
Mohr Siebeck · Tübingen
Narr Francke Attempto Verlag – expert verlag · Tübingen
Psychiatrie Verlag · Köln
Ernst Reinhardt Verlag · München
transcript Verlag · Bielefeld
Verlag Eugen Ulmer · Stuttgart
UVK Verlag · München
Waxmann · Münster · New York
wbv Publikation · Bielefeld
Wochenschau Verlag · Frankfurt am Main

Andrea Klein

# Mit Freude lehren

## Was eine coachende Haltung an der Hochschule bewirkt

Verlag Barbara Budrich
Opladen & Toronto 2022

**Die Autorin:**

**Dr. Andrea Klein,** Dozentin, Coach, Autorin, Edingen-Neckarhausen

Bibliografische Information der Deutschen Nationalbibliothek
Die Deutsche Nationalbibliothek verzeichnet diese Publikation in der Deutschen Nationalbibliografie; detaillierte bibliografische Daten sind im Internet über https://portal.dnb.de abrufbar.

Gedruckt auf säurefreiem und alterungsbeständigem Papier.


www.budrich.de

| | |
|---|---|
| **utb-Bandnr.** | **5744** |
| **utb-ISBN** | **978-3-8252-5744-6** |
| **utb-e-ISBN** | **978-3-8385-5744-1** |



Online-Angebote oder elektronische Ausgaben sind erhältlich unter www.utb-shop.de.

Satz: Ulrike Weingärtner, Gründau – info@textakzente.de
Umschlaggestaltung: Atelier Reichert, Stuttgart
Titelbildnachweis: Lina Heinzmann
Druck und Bindung: Elanders GmbH, Waiblingen
Printed in Germany

# Inhaltsverzeichnis

# Vorwort und Danksagung

Vor Ihnen liegt mein bisher persönlichstes Buch. Anders als in den bisherigen Büchern zum wissenschaftlichen Arbeiten und zum Einstieg in die Hochschullehre geht es hier nicht nur um die Sache, sondern auch um meine persönliche Haltung dazu. Und auch die Sache als solche, das Lehren mit Freude, ist ja etwas recht Persönliches. Wie ich im Lauf der Zeit dazu gekommen bin, lesen Sie im ersten Kapitel im Abschnitt „Lehren mit Freude“. Es handelt sich um eine Art „Lehrbiographie“ mit Einblicken in meine Stationen, meine Entscheidungen und meine Erfahrungen.

Nur mit viel Raum, Zeit und Ruhe ist es möglich, ein solches Buch zu schreiben. Da durch die Pandemie selten alle drei Bedingungen aufeinandertrafen, empfand ich das Schreiben dieses Mal als besonders herausfordernd. Gleichzeitig hat es mir viel Freude bereitet, weil sich während des Schreibens bei mir ein neues Gefühl für die unterschiedlichen gedanklichen Räume und die verschiedenen Zeiten (man könnte auch sagen: Phasen) eingestellt hat. Auch ein neues Gefühl von Ruhe, eine neuartige Gelassenheit trat auf.

Mein Dank gilt allen, die mir durch ihr Mitdenken Räume eröffnet haben und die mir ihre Zeit geschenkt haben. Das sind zunächst die Interviewees, die sich zum Austausch über Lehre, coachende Haltung und Freude bereit erklärt haben, obwohl ich zum Zeitpunkt der Gespräche nichts weiter vorweisen konnte als nur einen vermuteten Zusammenhang zwischen diesen drei Dingen. Die Interviews gaben mir neue Perspektiven auf das Lehren und Lernen sowie das Hochschulsystem und haben maßgeblich dazu beigetragen, dass das Buch zu dem geworden ist, was es ist.

Ein Buch wird besser durch Feedback, das ist meine feste Überzeugung. Dr. Daniel Kraft kennt das Buch seit der ersten Idee und hat mir wertvolle Anregungen zur ersten Fassung des Manuskripts gegeben. Auch Dr. Brigitte Wolter hat mich bereits in der Konzeptphase auf Aspekte hingewiesen, die ich gern aufgenommen und vertieft habe. Den Teilnehmenden am Semesterkurs „Mit Freude lehren“ an der Hochschule Magdeburg danke ich für die intensiven Diskussionen und somit für die Feuerprobe. Miriam von Maydell vom Verlag Barbara Budrich gebührt mein besonderer Dank für ihre Initiative und für ihren wohlwollenden und sachkundigen Blick auf das Buch.

Für ihre Unterstützung in vielerlei Hinsicht möchte ich mich zudem bei meinen Mitarbeiterinnen Julia, Sandra, Sezgi und Isabella bedanken. Ihr habt mir den Rücken freigehalten.

Meiner Familie danke ich dafür, dass sie das Unmögliche möglich gemacht hat: Raum, Zeit und Ruhe für ein solches Buch zu finden.

# Einleitung

Lehrende an Hochschulen spüren in ihrer Tätigkeit oft Grenzen. Ihre (scheinbar bewährten) Vorgehensweisen in Lehre und Betreuung funktionieren zwar mehr oder weniger gut. Dennoch wünschen sich viele Lehrende, dass Lehre weniger belastend ist und stattdessen Freude für sie selbst und auch für die Studierenden bringt. Andere Lehrende haben resigniert und glauben kaum noch daran, dass Lehren mit Freude überhaupt möglich sein kann.

Im Folgenden skizziere ich zwei Gruppen von Lehrenden, die es in der Realität vielleicht so überhaupt nicht gibt. Zur Verdeutlichung möchte ich sie hier jedoch kontrastierend gegenüberstellen.

In welchen der folgenden Aussagen finden Sie sich eher wieder?

## Die Zufriedenen auf der Suche nach Mehr

Sie sind im Großen und Ganzen zufrieden mit Ihrer Herangehensweise an die Lehre und mit deren Ergebnissen. Dennoch suchen Sie nach Möglichkeiten, sich persönlich weiterzuentwickeln und sich als Lehrende zu professionalisieren. Sie möchten einen nächsten Schritt gehen. Sie sagen sich vielleicht:

- „Jetzt mache ich diesen Job schon seit Jahren und bin auch gut darin. Aber da muss doch noch mehr sein?"
- „Mein Vorgehen in der Lehre und meine Unterlagen optimiere ich ständig. Meine Lehrevaluationen sind entsprechend gut bis sehr gut. Dennoch habe ich das Gefühl, die Studierenden gar nicht wirklich zu erreichen."
- „Den *Shift from Teaching to Learning* habe ich für mich vollzogen. Ich begleite die Studierenden, statt einfach nur Wissen zu vermitteln. War das schon alles?"

Eine coachende Haltung birgt für Sie ein großes Potenzial. Sie bewirkt mehr als ein weiteres Tool für die Lehre. Deswegen haben Sie wahrscheinlich zu diesem Buch gegriffen.

## Die Unzufriedenen auf der Suche nach Hoffnung

Die Lehre lässt Sie unzufrieden zurück. Sie nervt, sie schmerzt, sie ärgert Sie. Eigentlich, so Ihr Eindruck, machen Sie vieles richtig. Sie kennen Ihr Thema und bereiten sich gut vor. Sie achten auch darauf, dass Ihre Veranstaltungen interessant sind. Wenn nur die Studierenden anders wären ... Da passt etwas nicht zusammen in Ihrer Welt und der der Studierenden. Das zeigt sich in Gedanken wie den folgenden:

- „Die Studierenden sind so anders als wir früher, sie lesen nicht mehr, sie vertiefen sich nicht in die Inhalte und denken nicht eigenständig."
- „Die meisten Studierenden lernen nur noch für die Klausur, sie sind so zweck- und nutzenorientiert."
- „Die Studierendenschaft ist so heterogen. Was für den einen in der Lehre funktioniert, passt für den anderen schon nicht mehr."
- „Die Studierendenzahlen steigen, wir bekommen immer mehr ‚Masse statt Klasse' und sollen sehen, wie wir damit zurechtkommen."
- „Die Studierfähigkeit ist nicht durchgängig gegeben. Viele Studierende sind zu den einfachsten Dingen nicht in der Lage. Sie bringen aus der Schule nicht das passende Rüstzeug mit."

Würden Sie sich auch einen Weg wünschen, um die Studierenden besser zu verstehen und letztlich auch besser zu erreichen? Dann habe ich gute Neuigkeiten für Sie: Wenn Sie bereit sind, Neues anzunehmen und sich auch zu entwickeln, sind Sie hier richtig.

Bitte nehmen Sie die Bezeichnungen für die beiden Gruppen von Lehrenden nicht wörtlich und schon gar nicht persönlich. Hoffentlich definiert sich niemand als Person über den Grad seiner Zufriedenheit in Bezug auf die Lehre. Gerade Personen aus der Gruppe der „Unzufriedenen auf der Suche nach Hoffnung" sind natürlich nicht insgesamt in ihrem Leben unzufrieden. Aber so richtige Freude kommt bei ihnen in der Lehre eben auch nicht auf, auch wenn sie wahrscheinlich schon vieles versucht haben. Gleichzeitig sind sie nicht komplett hoffnungslos. Um das deutlich zu machen, habe ich diese plakativen Bezeichnungen gewählt.

Für dieses Buch ist der Gedanke grundlegend, dass weitere Didaktik-Tools und -Methoden Lehrende nur bedingt voranbringen. Vielmehr wird durch die vorgestellten Inhalte eine tiefer gehende Beschäftigung mit der eigenen Haltung gegenüber sich selbst, gegenüber den Studierenden und gegenüber der Lehre ermöglicht. Sie erfahren, wie Sie eine coachende Haltung aufbauen können, die auf den Bausteinen Konstruktivismus, systemisches Denken und lethologische Haltung beruht, und wie Sie diese für die Lehre und die Betreuung von Studierenden nutzen können. Das bringt Ihnen Entlastung und eröffnet neue Perspektiven auf den Sinn des eigenen Tuns.

## Für wen ist das Buch gedacht?

Einer meiner größten Wünsche ist, dass das Buch gleichermaßen die beiden dargestellten Gruppen von Lehrenden erreicht: die „Zufriedenen auf der Suche nach Mehr", die neugierig sind und tiefer einsteigen wollen, und auch die „Unzufriedenen auf der Suche nach Hoffnung", die bisher noch keine für sie passende Herangehensweise gefunden haben und auch nicht wissen, wo sie noch danach suchen sollen. Das Buch soll auch Wirkung bei jenen entfalten, die vielleicht bereits ein klein wenig resigniert haben. Bei der coachenden Haltung handelt es sich um eine Richtung, die zu erkunden sich für alle lohnt.

Das Buch soll Ihnen als Lehrenden Entlastung bringen und Ihnen das Lehren mit Freude (wieder) ermöglichen. Daher ist es besonders geeignet für:

- Lehrende an Hochschulen, die lern- und entwicklungsbereit sind und ihre Lehre qualitativ verbessern möchten;
- Lehrende an Hochschulen, die bereits viele positive Erfahrungen gesammelt haben und dennoch das Gefühl haben, auf der Stelle zu treten;
- Lehrende an Hochschulen, die bereits viele negative Erfahrungen gesammelt haben und daher die aufgeführten Schmerzpunkte kennen;
- Lehrende (v. a. Lehrbeauftragte) an Hochschulen, die erst wenig gelehrt haben und vor Frust am liebsten gleich wieder aufhören würden;
- Einsteiger:innen, die noch nicht viele Erfahrungen gesammelt haben und von vornherein ihre Haltung zur Lehre reflektieren möchten.

## Die Inhalte des Buches

Im ersten Kapitel richte ich den Blick zunächst auf *gute Lehre* und stelle einen ersten Zusammenhang zwischen Lehre und Freude her. Sie erfahren außerdem, aus welcher Perspektive ich das Buch schreibe. Coaching im Allgemeinen und Coaching im Kontext von Hochschulen ist das Thema des zweiten Kapitels. Das dritte Kapitel steht komplett im Zeichen der coachenden Haltung. Sie lesen, welches die Elemente der coachenden Haltung sind, welchen Nutzen Ihnen eine solche Haltung überhaupt bringt und schließlich, wie Sie sie erlangen können. Den Kern des Buches bildet Kapitel 4, in dem Sie lernen, wie Sie die coachende Haltung in der Lehre umsetzen können. In den beiden abschließenden Kapiteln werden einerseits die Grenzen der coachenden Haltung in der Hochschullehre thematisiert, andererseits Wege aufgezeigt, wie Sie in Sachen Coaching weitergehen könnten.

Jedes Kapitel beginnt mit einer kleinen Einführung, der Sie die wesentlichen Inhalte entnehmen können. Neben Reflexionsfragen und Impulsen finden Sie in einigen Kapiteln auch beispielhafte Dialoge zwischen Lehrenden und Studierenden, die alle besonders hervorgehoben sind,

Außerdem habe ich im Herbst/Winter 2020 Interviews mit Lehrenden geführt. Auszüge daraus finden Sie an den passenden Stellen. Um Interviewees zu finden, schickte ich eine Anfrage über einen einschlägigen Verteiler. In meinem engeren Netzwerk zeigten sich weitere Personen interessiert. Da es sich nicht um ein Forschungsprojekt handelte, konnte ich guten Gewissens eine solche Selbstselektion zulassen. Sehen Sie selbst, welche spannenden Gedanken sich in den Gesprächen entwickelten.

Das Literaturverzeichnis ist gleichzeitig als Liste voller Anregungen zu verstehen. Dort führe ich die Quellen auf, auf die ich mich bezogen habe. Aber: In diesem Buch streife ich viele Fachdiskurse, ohne in die Tiefe zu gehen. Ich bin mir vieler dieser Diskurse bewusst, lasse sie jedoch absichtlich außen vor und greife sie nicht im Detail auf. Es handelt sich bei diesem Buch offensichtlich nicht um ein Werk mit wissenschaftlichem Anspruch, weshalb ich mir die Freiheit nehme, einen „unwissenschaftlichen" Text zu verfassen. Vielmehr versuche ich nachvollziehbar für all jene zu schreiben, die die handlungsrelevante Seite der angesprochenen Themen kennenlernen wollen. Wer die Lektüre des Buches als Anstoß nehmen möchte, sich eingehender mit den zugrunde liegenden Theorien, Ansätzen und Gedanken auseinanderzusetzen, findet in den Literaturempfehlungen zusätzliche Hinweise für den Einstieg oder kennt zumindest die einschlägigen Begriffe, nach denen zu recherchieren ist.

## Das Prinzip des pädagogischen Doppeldeckers

Von wem lernen Sie persönlich lieber etwas? Von einer Person, die sich ihr Wissen nur angelesen hat, oder von einer Person, die auch eigene Erfahrungen mit den betreffenden Inhalten und Methoden gesammelt hat? Ich glaube, ich kenne die Antwort. Ihren Studierenden wird es ähnlich gehen. Auch sie werden lieber von und mit jemandem lernen, der nicht nur einen Wissens-, sondern auch einen Erfahrungsvorsprung hat.

Was ist hier also mit dem Doppeldecker gemeint? Kurz gesagt: Was Sie selbst erfahren und lernen bzw. wie Sie selbst sich entwickeln, wirkt indirekt auf Ihre Studierenden. Erst wenn Sie selbst die Hebel gefunden haben, mit denen Sie Ihre eigene Welt ändern können, sind Sie auch in der Lage, mit den Studierenden in ähnlicher Weise zu arbeiten und sie gut anzuleiten.

Die zehn Thesen zu den Doppeldeckern nehmen eine Art Scharnierstellung ein: Sie fassen einerseits zusammen, was in den vorangegangenen Kapiteln behandelt wurde. Andererseits regen sie zum Nachdenken an, ob gewisse Voraussetzungen für das Lehren in der coachenden Haltung bei Ihnen bereits gegeben sind. Dabei handelt es sich sicherlich nicht um abschließend definierte und zwingende Voraussetzungen, sondern eher um günstige Umstände, die Ihnen das Leben erleichtern, sofern sie denn zutreffen. Sie können sie gern als Zielvorstellungen für Ihre persönliche Entwicklung auffassen, wenn Ihnen das passend erscheint.

# 1. Gute Lehre

In diesem ersten Kapitel nähern wir uns aus mehreren Richtungen dem Verständnis von guter Lehre an. Woran erkennen wir gute Lehre überhaupt, und was bedeutet das für Sie als Lehrperson? Zudem erfahren Sie, was hinter dem Begriff der „Freude“ steckt und wie er sich von „Spaß“ abgrenzen lässt.

Auf der Grundlage des Humboldt'schen Bildungsverständnisses, das die individuelle Entfaltung des Menschen in das Zentrum aller Überlegungen stellt, und eines humanistischen Menschenbilds ist davon auszugehen, dass für das Lernen Orte mit einem anregenden und von Wohlwollen und Offenheit geprägten Klima hilfreich sind. In diesem Prozess des Sich-Entwickelns, des Sich-Aneignens von Inhalten und des Sich-in-der-Welt-Zurechtfindens geschieht Bildung, deren wahrer Wert weit über berufliche Verwertbarkeit hinausreicht. Gerade Hochschulen sollten solche Orte sein.

Lehre findet klassischerweise in Lehrveranstaltungen statt. An Hochschulen nehmen diese vielfältige Formen an: von Vorlesungen über Seminare und Kolloquien bis hin zu praktischen Veranstaltungen, die je nach Studiengang beispielsweise in Laboren, oder Sportstätten abgehalten werden. Ergänzend kommen Tutorien und andere unterstützende Formate hinzu. Vieles davon wird – sofern die Umstände es zulassen – in Präsenz durchgeführt, manches online.

In einem breiten Verständnis von Lehre zählt auch die Betreuung beim Anfertigen wissenschaftlicher Arbeiten dazu. Durch die Anleitung und den Austausch wird Lernen angeregt.

Das Lernen als solches benötigt keine institutionalisierte Form, es passiert allenthalben und oft nebenbei in non-formalen und informellen Settings und manchmal sogar zufällig. Auch an Hochschulen geschieht Lernen oft in der eigentlich als „Pause“ deklarierten Zeit: während eines Gesprächs mit Mitstudierenden in der Mensa, allein in der Bibliothek oder auch im Tür-und-Angel-Gespräch mit Lehrenden. Manchmal ist es nur eine kurze Antwort auf eine Frage oder eine schnelle Bemerkung, die zu einem Aha-Erlebnis führt und Lernen auslöst.

Doch welche Gedanken zum Lehren prägen das Lernen aktuell? In den zurückliegenden Jahrzehnten haben, beschleunigt durch die Bologna-Erklärung im Jahr 1999, die Kompetenzorientierung und die Studierendenzentrierung im hochschuldidaktischen und -politischen Diskurs an Bedeutung gewonnen, auch wenn sie vielfach von den Studiengangsverantwortlichen und Lehrenden nur zögerlich in die Curricula integriert wurden (Ruschin, 2021, S. 364).

Dieser Paradigmenwechsel kam also noch nicht in allen Köpfen an (und das, obwohl sich eventuell der nächste schon abzeichnet – dazu mehr im Schlusskapitel). Was jedoch vermehrt an Aufmerksamkeit gewonnen hat, ist die Unterscheidung zwischen verschiedenen Arten von Kompetenzen wie Fach-, Methoden-, Sozial- und Selbstkompetenz. (Eine hervorragende Übersicht zu den verschiedenen Kompetenzmodellen und -verständnissen bieten Brendel, Hanke und Macke, 2019, S. 22 ff.)

Dabei scheinen sogenannte Soft Skills oder Schlüsselkompetenzen immer mehr an Bedeutung zu gewinnen (Seidl, 2021, S. 126). Unter dem Namen „21st Century Skills", „Zukunftskompetenzen" oder auch „Future Skills" wird diskutiert, welche Kompetenzen bzw. der Aufbau welcher Kompetenzen den Studierenden wohl in der Zukunft helfen können.

Nach Ehlers sind Future Skills „Kompetenzen, die es Individuen erlauben in hochemergenten Handlungskontexten selbstorganisiert komplexe Probleme zu lösen und (erfolgreich) handlungsfähig zu sein. Sie basieren auf kognitiven, motivationalen, volitionalen sowie sozialen Ressourcen, sind wertebasiert, und können in einem Lernprozess angeeignet werden." (2020, S. 57)

Als Begründung werden drei Verschiebungen (*Shifts*) herangezogen (Ehlers, 2020, S. 49 ff.). *Shift 1* besagt, dass in einer sich schnell wandelnden Umwelt der Grad der Standardisierung abnimmt, was mehr Selbstorganisation erforderlich macht. Dabei genügt es nicht, sich anpassen zu können: Erstrebenswert ist es vor allem, den Wandel selbst mitzugestalten. *Shift 2* beschreibt die Bedeutungsverschiebung weg vom Fachwissen, von dem weniger benötigt wird, und hin zur Handlungskompetenz, die ausgebaut werden sollte. Anstatt Wissen nur zu „haben" und anzuwenden, ist es vorteilhaft, neues Wissen generieren und neue Methoden und Tools entwickeln zu können. *Shift 3* schließlich thematisiert den Wandel von hierarchischen zu vernetzten Organisationsstrukturen, was mehr Beziehungsmanagement und einen höheren Grad an Eigeninitiative der Beteiligten erfordert.

Bildung kommen daraus abgeleitet drei Aufgaben zu, nämlich die Ausbildung eines Verhältnisses zu sich selbst, zu einem Objekt und zu einer Organisation oder der Welt (Ehlers, 2020, S. 54). Dementsprechend lassen sich die Future Skills in eben jene drei Kategorien einteilen, wie der Auflistung in Tabelle 1 zu entnehmen ist.

**Tabelle 1: Future Skills nach Ehlers (2020)**

| individuell-entwicklungs-bezogene Kompetenzen | individuell-objektbezogene Kompetenzen | individuell-organisations-bezogene Kompetenzen |
|---|---|---|
| Lernkompetenz | Design Thinking-Kompetenz | Kommunikationskompetenz |
| Selbstwirksamkeit | Innovationskompetenz | Kooperationskompetenz |
| Selbstbestimmtheit | Systemkompetenz | Zukunfts- und Gestaltungs-kompetenz |
| Selbstkompetenz | Digitalkompetenz | Sensemaking |
| Reflexionskompetenz | | |
| Entscheidungskompetenz | | |
| Initiativ- und Leistungs-kompetenz | | |
| Ambiguitätskompetenz | | |
| Ethische Kompetenz | | |

Zur Förderung der Future Skills und somit letztlich der Handlungsfähigkeit sind Herangehensweisen nötig, die kreatives und eigenständiges Arbeiten erlauben und die dafür nötigen Freiräume schaffen. Begleitendes Coaching und Mentoring sind sinnvoll (vgl. die Zusammenstellung der Beispiele bei Ehlers & Meertens, 2021). Darüber hinaus – so das Anliegen des vorliegenden Buches – kann die coachende Haltung in der Lehre viel dazu beitragen, dass sich die Studierenden in ihrer Zeit an der Hochschule so bilden, dass sie insbesondere individuell-entwicklungsbezogene Kompetenzen aufbauen.

Angesichts der genannten Herausforderungen sollten Hochschulen sich wandeln und tun dies auch. Ebenso wandelt sich das Verständnis dafür, was gute Lehre sei. Wenn wir nun mehrere Personen nach Ihrem Verständnis von „guter Lehre" fragen würden, erhielten wir mit hoher Wahrscheinlichkeit recht unterschiedliche Antworten. Diese ergänzen sich teilweise, teilweise stehen sie im Widerspruch zueinander.

Hier ein paar Beispiele:

- „Gute Lehre ist strukturiert und bereitet den Stoff gut auf."
- „Gute Lehre begeistert die Studierenden und motiviert sie."
- „Gute Lehre ist abwechslungsreich."
- „Gute Lehre funktioniert am besten in kleinen Gruppen."
- „Gute Lehre stößt Entwicklung an."
- „Gute Lehre ist kompetenzorientiert."

**Impuls**

Bevor Sie weiterlesen, fragen Sie sich gern selbst:

Was sind Ihre Annahmen über gute Lehre? Woher stammen sie, was hat sie geprägt?

Von welchen Annahmen über gute Lehre haben Sie sich im Lauf der Zeit verabschiedet? Wie macht sich das in Ihrer Lehre bemerkbar?

Inwiefern ist das, was Sie für gute Lehre halten, eigentlich zukunftsfähig?

Der oftmals einseitige Blick auf die optimale Gestaltung von Lehre und deren Auswirkung auf die Lernenden lässt einen wichtigen Aspekt außen vor: Was bedeutet „gute Lehre“ eigentlich für Sie als Lehrperson? Welche Auswirkungen spüren Sie, wenn Sie gut gelehrt haben?

Oft hören wir im Gespräch mit anderen Lehrenden nur von den Schattenseiten der Lehre. Wir tauschen uns über die Belastung durch Lehre aus, etwa über die schiere Höhe der Lehrverpflichtung oder darüber, wie sich im Semester alles ballt, sodass kaum Raum für Forschung bleibt. Wir sprechen über Misserfolge, die uns nachgehen. Wieso waren die Studierenden kürzlich im Seminar so unaufmerksam? War ich nicht gut genug? Habe ich den Stoff nicht gut genug aufbereitet? Habe ich zu wenige aktivierende Maßnahmen eingesetzt? Oder, ein anderer Fall, wieso haben die Studierenden in der Klausur so schlecht abgeschnitten? Wieso bekommen sie die einfachsten Aufgaben nicht hin, von Transferaufgaben ganz zu schweigen? Was habe ich in der Lehre falsch gemacht, wieso konnte ich die Studierenden nicht dafür begeistern, sich intensiver mit den Inhalten zu befassen?

Aber wann sprechen wir einmal über die positiven Seiten von Lehre?

Lesen Sie dazu auch das Interview in Kapitel 4d, „Impulse setzen“.

Für manche Lehrende bedeutet gute Lehre zunächst einmal die Abwesenheit der oben exemplarisch dargestellten Störfaktoren. (Ihnen fallen sicher noch mehr Dinge ein, die Sie ab und an stören.) Zusammenfassend gesagt: Sofern das Deputat machbar ist und noch dazu niemand nervt und alles glatt läuft, ist die Lehre gelungen. Wenn ich also in diesem Sinn gut gelehrt habe, geht es mir als Lehrperson auch gut. Wie dieses Verständnis von guter Lehre auf einer Skala visualisiert werden kann, zeigt Abbildung 1:

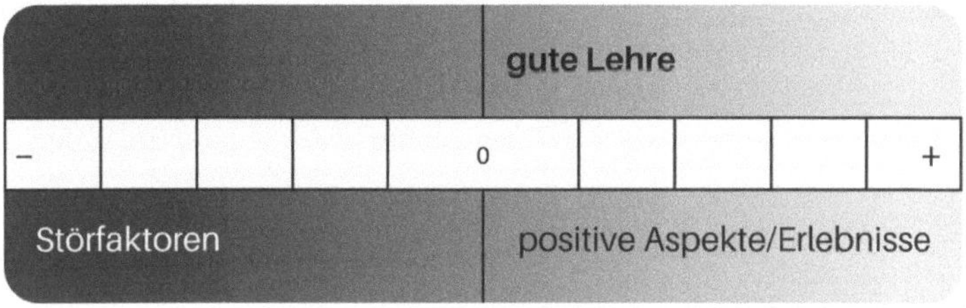


**Abbildung 1: Gute Lehre als Abwesenheit von Störfaktoren (eigene Darstellung)**

Wünschenswert wäre natürlich, dass gute Lehre für die Lehrperson mehr als nur die Abwesenheit von Negativem ist. Wenn ich als Lehrperson in der konkreten Situation immer in Habachtstellung um den Nullpunkt herum agiere, ist das auf Dauer anstrengend. Zum Glück läuft es ja aber manchmal unerwartet gut in der Veranstaltung, es entsteht Interaktion, und die Studierenden engagieren sich für die gemeinsame Sache. Manchmal kommen Sie im Beratungsgespräch schneller zu größeren Fortschritten als gedacht. Mehr noch, manchmal empfinden Sie Stolz auf bestimmte Studierende, die eine besonders gute Leistung abgeliefert haben, oder sie freuen sich mit Studierenden, die einen großen Fortschritt erzielt haben. Solche positiven Erlebnisse tragen einen auch einmal über Zeiten, in denen sonst nicht vieles nach Wunsch läuft.

„Gute Lehre" im Sinne der Lehrperson würde demnach also bedeuten, dass sich die Lehrperson überwiegend im rechten Teil der Skala bewegt. Ein Wohlergehen setzt in dem Sinn ein, dass die Lehrperson ausgeglichen und dadurch über lange Zeit belastbar ist. Es wirft sie nichts so schnell aus der Bahn.

Wenn Sie jetzt aber meinen, dass Sie in der Lehre „einfach nur" Störfaktoren eliminieren und positive Erlebnisse forcieren müssen, widerspreche ich Ihnen. Es gehört noch mehr dazu.

Problematisch an einer solchen Denkweise ist, dass Sie weder das Negative noch das Positive in vollem Umfang beeinflussen können. Sicher ist es sinnvoll, die eigene Lehre dann und wann auf den Prüfstand zu stellen, sich über didaktische Alternativen zu informieren und so den Input zu verbessern. Dies garantiert allerdings noch lange keinen verbesserten Output in Form von engagierten oder zufriedenen Studierenden oder gar besseren Noten. Auch lassen sich die positiven Erlebnisse in der Lehre, auf die Sie stolz sein können, nur bedingt gezielt herbeiführen. Als Lehrperson können Sie dafür günstige Bedingungen schaffen – mehr aber auch nicht.

Sie ahnen es schon: Der Schlüssel liegt in Ihrer Haltung zu den Geschehnissen.

Was in Ihrem Inneren passiert, ist nicht direkt abhängig von den Ereignissen im Äußeren. Sie können das beeinflussen, was in Ihrem Inneren passiert. Sie können Distanz zu den Geschehnissen einnehmen und diese reflektieren. Die ABCDE-Kette, die Sie in Kapitel 3c kennenlernen, ist ein mögliches Instrument dafür.

## Lehren mit Freude

Gute Lehre kann demnach immer stattfinden. Unabhängig davon, wo sich die Lehrsituation auf der Skala finden würde, ist Lehren mit Freude möglich!

Sie sehen in Abbildung 2, dass sich gute Lehre über die gesamte Breite der Skala erstreckt und mit der Lehre mit Freude gleichgesetzt wird.

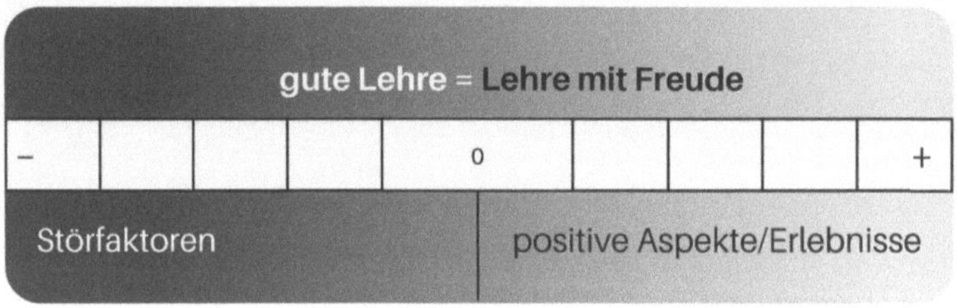


**Abbildung 2: Gute Lehre ist Lehren mit Freude (eigene Darstellung)**

Was ich damit ausdrücklich nicht meine, ist, dass Sie sich emotional von den Ereignissen abkoppeln und gleichgültig werden sollen. Gemeint ist vielmehr die Fähigkeit zur (positiven) Abgrenzung und die Erfahrung von Selbstwirksamkeit auch und gerade in jenen Momenten, in denen wir als Lehrende „das Ruder nicht in der Hand haben". Es gilt, die „prinzipielle Wirkungsunsicherheit" der eigenen Intervention auszuhalten (Arnold, 2015, S. 24). Denn wenn wir der Angst vor eben dieser Unsicherheit, aber auch vor der Unkontrollierbarkeit und Unplanbarkeit der Situation zu viel Bedeutung beimessen, würde es uns als Lehrpersonen davon abhalten, die Bedürfnisse der Studierenden wahrzunehmen und adäquat zu handeln (Arnold, 2015, S. 28). Wir würden also an den Studierenden vorbei-lehren.

Im besten Fall wissen Sie also mit diesen Ängsten umzugehen und empfinden Freude über Ihre Lehrtätigkeit. Wer wünscht sich das nicht? Leider ist das für viele Lehrende im wahrsten Sinn des Wortes unvorstellbar. Sie können sich schlicht und ergreifend nicht vorstellen, dass Lehre – diese belastende Tätigkeit mit widerspenstigen oder gleichgültigen Studierenden und ungewisser Aussicht auf Erfolg – sich derart gut anfühlen kann.

Auch nach der Lektüre dieses Buches kann ich Ihnen also nicht versprechen, dass Sie immer und überall in der Lehre Freude empfinden werden, aber eben sozusagen „im Durchschnitt". Ich meine das übergreifende Gefühl tiefer Freude, das sich aus dem Inneren speist.

## Freude

Der Begriff der Freude ist facettenreich und entzieht sich einer abschließenden Definition. Vermutlich lässt sich Freude jedoch ganz treffend als Zustand beschreiben, der einen Menschen von innen heraus mit einer positiven Stimmung erfüllt. Freude tritt in Situationen auf, in denen ein Mensch mit sich selbst und der Umwelt in Harmonie ist.

Freude wirkt von innen nach außen: Sie hat ihren Ankerpunkt im Inneren eines Menschen, in dessen Persönlichkeit, Werten und Einstellungen, und breitet sich von dort nach außen aus. Wenn dieser Mensch einer Tätigkeit nachgeht, die sich mit seinem Wesen deckt, ist er mit sich selbst in Harmonie und fühlt Erfüllung, die sich wiederum im Außen zeigt. Freude kann also gewissermaßen ansteckend wirken, wenn die Personen in der Umgebung merken, wie man beim Ausüben der Tätigkeit in Einklang mit sich selbst ist und strahlt.

Natürlich ist der Zustand der Freude nicht immer präsent. Mal erwischt man einen schlechten Tag, mal ärgert man sich über etwas. Grundsätzlich aber ist die Freude etwas Überdauerndes, da sie eben mit der Persönlichkeit des Menschen gekoppelt ist. Freude scheint allerdings zu einem guten Teil auch davon abzuhängen, welche Einstellung ein Mensch zu seiner Umwelt hat und ob er mit ihr in Resonanz geht. Wie Sie in Kapitel 3 erfahren, obliegt dem einzelnen Menschen die Reaktion auf die äußeren Gegebenheiten. Niemand ist gezwungen, die Umstände so zu werten, wie er es tut. Oder, um es mit Viktor Frankl ausdrücken, liegt zwischen Reiz und Reaktion ein Raum – und damit die Entscheidungsfreiheit, bewusst eine hilfreichere Reaktion zu wählen. Das Empfinden von Freude kann also gezielt gesteuert oder zumindest angesteuert werden. Es wird wahrscheinlicher, dass Freude auftritt, wenn man sich der Muster bewusst ist.

Wichtig scheint mir an dieser Stelle, Freude von Spaß abzugrenzen. Der Begriff „Spaß“ ist von dem italienischen Wort *„spasso“ für* „Zerstreuung“ oder „Vergnügen“ entlehnt. Spaß ist demnach eine meist von externen Faktoren abhängige Stimmungslage, die dem Menschen Ablenkung verschafft und oft auch eine gewisse Oberflächlichkeit beinhaltet. Man vergisst sich selbst für den Moment, etwa wenn man gerade beim Achterbahnfahren Spaß hat. Freude hingegen bewirkt, dass man auf sich selbst konzentriert ist und sich seinen inneren Zustand sehr wohl bewusst macht. Dies passiert unter Umständen nicht in der Situation selbst, sondern manchmal auch erst in der Rückschau.

Im Fall von Freude ist der Akt, der einem Freude bereitet, immer auf einen selbst zurückgekoppelt; Freude entströmt aus dem Selbst des Menschen.

Selbstverständlich können Freude und Spaß in verschiedenen Konstellationen gemeinsam oder getrennt voneinander auftreten. Bezogen auf die Lehre bedeutet das:

- Der schlechteste Fall bestünde darin, dass die Lehre einer Lehrperson weder Spaß noch Freude bereitet. Weder von außen noch von innen entsteht eine positive Empfindung – eine recht trostlose Angelegenheit!

- Ein wenig angenehmer wird es, wenn die Lehrperson bei ihrem Tun immerhin Spaß hat, aber dabei keine tiefere Freude empfindet. Das kann beispielsweise der Fall sein, wenn in der Lehrveranstaltung Situationskomik entsteht oder jemand einen Witz macht. Dann hat man es gemeinsam lustig, aber die tiefe Resonanz fehlt.
- Es kann in der Lehre Freude ohne Spaß auftreten, und zwar immer dann, wenn man ernsthaft und ganz vertieft bei einer Sache ist, die einen von innen heraus berührt. Ablenkung durch Späße wäre dann wahrscheinlich sogar unerwünscht.
- Das parallele Auftreten von Freude und Spaß ist vermutlich am erfüllendsten. Die Lehrperson nimmt bei ihrem Tun aus dem Inneren herrührende positive Empfindungen wahr und genießt auch die ab und an von außen kommenden Zerstreuungen. Dabei werden die beiden Empfindungen nicht unbedingt gleichzeitig, sondern durchaus auch abwechselnd auftreten.

Wenn wir gedanklich einen Schritt zurückgehen, stellt sich natürlich die Frage: Wie gelange ich dahin? Was muss ich tun, um im Zusammenhang mit Lehre Freude zu empfinden?

## Aus welcher Perspektive schreibe ich das Buch?

Dazu möchte ich Ihnen zunächst beschreiben, aus welcher Perspektive ich den Text verfasse. Das hat natürlich viel mit meiner „Lehrbiographie" zu tun. Auf der Grundlage des Erlebten und meiner Reflexion drüber konstruiere ich einen Zusammenhang zwischen Freude und einer coachenden Haltung in der Lehre. Diese Annahme über den Zusammenhang von Freude und coachender Haltung basiert nicht nur auf meinen persönlichen Erfahrungen, sondern auch auf dem, was ich in Gesprächen mit Lehrenden gehört habe, die eine ähnliche Herangehensweise verfolgen. Soweit ich weiß, ist dieser Zusammenhang noch nicht wissenschaftlich untersucht. Das fände ich ziemlich spannend! Für den Moment müssen wir uns damit begnügen, dass es sehr wohl Menschen gibt, für die sich durch die coachende Haltung Freude in der Lehre einstellt.

Für mich bedeutete das Lehren aus einer coachenden Haltung heraus eine regelrechte Befreiung. Diese Haltung kam nicht in Form eines einzelnen Auslösers oder Befreiungsschlags (hier passierte mir ein freudscher Vertipper: ich schrieb zuerst „Befreuungsschlag"). Sie schlich sich vielmehr über die Jahre in mein Denken und Handeln ein.

Worin bestand die Befreiung? In Bezug auf die Lehre habe ich, wenn man das so sehen möchte, den klassischen Weg hinter mir. Wie viele Lehrende habe ich ganz zu Beginn vor jeder Lehrveranstaltung erst einmal „den Foliensatz" erstellt (Lehre ohne Folien schien mir undenkbar). Mein Fokus lag ganz klar auf den Inhalten. Ich wollte zuerst einmal sicher wissen, welche Inhalte ich vermitteln würde; alles andere war zweitrangig und wurde danach integriert (Übungen, Gruppenarbeiten). Ein paar Jahre später dann hielt die Orientierung an Lernzielen Einzug, und auch, wenn ich es damals noch nicht als *Constructive Alignment* hätte benennen können, war es doch genau das. Ich versuchte, die Lernziele, die Inhalte und die Prüfung so gut es ging miteinander in Einklang zu bringen.

Der Umschwung kam, als ich zum ersten Mal verstärkt Lehrveranstaltungen hielt, die nicht mit einer direkt zugeordneten Prüfung endeten. Dabei handelte es sich um Veranstaltungen zum wissenschaftlichen Arbeiten und Schreiben, die über die Semester verteilt die Studierenden auf ihre Abschlussarbeiten vorbereiten sollten. In diesem Format sah ich über einen Zeitraum von drei Jahren die Entwicklung der Studierenden und ihrer Schreibkompetenzen. Hier war klar, dass es gar nicht um einzelne „Wissensblöcke“ gehen konnte, die die Studierenden nach der Klausur wieder vergessen. Das hier war anders und verlangte nach einer anderen Art von Lernen. Tastend wagte ich daher die ersten Experimente mit offeneren Formen des Lehrens, worauf viele Studierende nicht gefasst waren. Ich ließ ihnen mehr Freiraum (den sie manchmal gut nutzten und manchmal gar nicht) und gab gleichzeitig einen Teil der Verantwortung für das Gelingen ab. Ich begann, mit Schreibübungen und (Peer-)Feedback zu arbeiten. Immer öfter führte ich Diskussionen auf der Meta-Ebene durch.

Das alles geschah zu Beginn vor allem in einem wirtschaftswissenschaftlichen Studiengang. Als dann auch Lehrveranstaltungen in einem sozialpädagogischen Studiengang hinzukamen, änderte das meine Situation gewaltig. Zum einen traf ich bei den Studierenden auf eine größere Offenheit gegenüber meiner Arbeitsweise. Sie waren gewohnt, sich und ihr Vorgehen zu reflektieren, deswegen hatte ich es bei ihnen leichter. Zum anderen war nun mein Kontakt zu anderen Lehrpersonen durch die unterschiedlichen Denk- und Herangehensweisen inspirierender.

Eine der Kolleginnen war es schließlich auch, die mir eine Coaching-Ausbildung ans Herz legte, mir von ihrer Ausbildung berichtete und mich neugierig darauf machte. Von der ersten Idee bis zur Anmeldung und dann bis zum Beginn der Ausbildung konnte mir die Zeit nicht schnell genug verstreichen.

Jetzt änderte sich alles! Ich merkte schnell, dass ich hier ein fehlendes Puzzlestück gefunden hatte. Die klassische Lehrveranstaltungsplanung war mir immer sehr kalt erschienen, vergaß sie doch das Wesentliche, nämlich den Menschen und die Beziehungsebene. Es fehlte mir das Individuelle und der Zugang zu den einzelnen Lernenden, der über das Abfragen des Vorwissens hinausreichte. In der Coaching-Ausbildung wurde mir mit der Zeit immer klarer, wieso bei manchen Studierenden „Knoten“ auftreten – wieso sie also keine Fortschritte machten, obwohl sie doch genug wussten und konnten. In der Ausbildung lernte ich das Zuhören und das Fragenstellen. Ich lernte, wie man das auf unerwünschte Weise Verfestigte wieder verflüssigt und Möglichkeitsräume schafft. All das war so unglaublich hilfreich, und dennoch war es nicht die Essenz der Ausbildung. Die lag in der coachenden Haltung.

Diese coachende Haltung änderte mich als Lehrperson. Sie gab mir eine neue Ausgeglichenheit und Belastbarkeit. Ich konnte mich besser abgrenzen von den Anliegen der Studierenden und gleichzeitig darauf vertrauen, dass mein Handeln etwas bewirken würde. Das erscheint zunächst paradox – später lösen wir diesen scheinbaren Widerspruch auf. Meine neue Haltung verstärkte also meine Selbstwirksamkeitserwartung. Obwohl ich weniger tat, kam mehr dabei heraus. Ich empfand mehr Freude aus dem Inneren heraus. (Mehr zum Zusammenhang zwischen Freude und coachender Haltung lesen Sie in Kapitel 3b.) Ich wurde mir in der Coaching-Ausbildung meiner Werte neu bewusst, stellte sie noch einmal auf den Prüfstand und befand sie weiterhin für gut. (Erst wesentlich später bemerkte ich, dass meine persönlichen Kernwerte auch die der Wissenschaft sind: Entwicklung, Offenheit und Verlässlichkeit. Kein Wunder also, dass die Freude aus dem Innen kommt, wenn ich wissenschaftliches Arbeiten lehre!)

Kommen wir an der Stelle noch einmal zu den Vorstellungen von guter Lehre zurück. Nach der Definition von Ulrich und Heckmann umfasst gute Hochschullehre „die professionelle Vermittlung von Wissen, Fähigkeiten, Kompetenzen und Werten, insbesondere im Rahmen des jeweiligen Faches. Gute Hochschullehre nutzt zu ihrer stetigen Optimierung die Standards des Qualitätsmanagements und die neusten hochschuldidaktischen Forschungsergebnisse. Das Ziel guter Hochschullehre besteht letztendlich in der Ausbildung mündiger, kompetenter und wertgefestigter (Staats-)Bürger.“ (Ulrich & Heckmann, 2013, S. 4, zitiert nach Ulrich, 2020, S. 20)

Pointiert könnte man sagen:

**Gute Lehre ist, wenn gelernt wird.**

Einen 1:1-Zusammenhang von Lehr-Input und Lern-Output gibt es dabei selbstverständlich nicht. Gute Lehre soll Lernen jedoch ermöglichen und wahrscheinlich machen, anstatt es zu behindern. (Nebenbei gesagt, geht Lernen auch sehr gut ohne Lehre!)

Lernen im hier beschriebenen Sinn bezieht sich im Übrigen nicht nur auf Inhalte, sondern auch auf Werte. Gerade vor diesem Hintergrund erscheint es mir sehr plausibel, dass Lernen Raum, Zeit und Ruhe braucht.

- Raum wird in zweierlei Hinsicht benötigt: Zum einem im Sinn von physischem Raum, also Platz zur Entfaltung und Bewegungsfreiheit für spontane Ideen, für das Umarrangieren von Person und Material; zum anderen im Sinn eines gedanklich einzunehmenden Raums, in dem man sich eine Position sucht und sich anders erlebt als zuvor.
- Zeit braucht es, um Neues zu verstehen, um es integrieren zu können und es wirklich so zu verankern, dass es auch viel später noch präsent ist. Damit meine ich nicht „Lernstoff“ im klassischen Sinn, sondern auch Kompetenzen und Haltungen.
- Und Ruhe wird schließlich im Sinn von psychologischer Sicherheit benötigt. Beim Lernen sollte man, wie es die Redewendung nahelegt, überhaupt erst einmal „den Kopf frei haben“, also keine drängenden Probleme bearbeiten müssen. Darüber hinaus hilft die Gewissheit, sich auch durch Fehler nicht zu blamieren, sondern weiterhin ein genauso wertvolles Mitglied der Gruppe zu sein.

Ich nehme es einmal vorweg: Auch die Lehrperson braucht all das. Auch sie profitiert in ihrem Lern- und Entwicklungsprozess von Raum, Zeit und Ruhe. Mehr dazu lesen Sie bei den zehn Doppeldecker-Thesen am Ende des dritten Kapitels.

Dazu passt der Auszug aus dem Interview mit Dr. Christiane Henkel, Professorin für Pädagogik an der Theologischen Hochschule Ewersbach und Schreibpädagogin. Wir sprachen darüber, dass Lehrpersonen für ihre Tätigkeit nicht nur Expertise und Routinen benötigen, sondern dabei auch neugierig bleiben sollten.

» **Christiane Henkel:** Dann finde ich auch noch diese Mischung wichtig, aus „Ich entwickle eine gewisse Expertise und vielleicht auch Routine in meiner Lehre, weil mir das auch Sicherheit gibt und weil mir das natürlich auch zeitlich Arbeit erspart", genauso wie „Ich bin immer wieder neugierig, etwas Neues zu lernen. Sowohl auf die Art, wie ich lehre, als auch in meinem Fach." Und diese Neugierde, die hält auch mich selbst in Schwung und wach und bei der Freude, weil ich immer wieder mich mit Themen beschäftige, auf die ich Lust habe. Wo ich das Gefühl habe, ich habe auch was zu sagen, was zu vermitteln, ich bin begeistert von meinem Thema, ich freue mich, wenn andere da mitgehen und das auch lernen wollen. Das klappt, glaube ich, am besten in dieser Mischung aus: „Ich kenn' mich schon ganz gut aus, aber ich bin nach wie vor unterwegs und halt' mich auf dem Laufenden und hab' dafür auch Zeit, mich auf dem Laufenden zu halten."

Toll finde ich, wenn Forschung und Lehre tatsächlich zusammenkommen. Also, wenn ich die Freude an meinem Forschungsthema, was ich mir ja auch irgendwann mal gesucht habe, weil es mich interessiert – hoffentlich –, auch in die Lehre übertragen kann. Auch eben Studierende mitzunehmen bei aktuellen Forschungsfragen, sofern sie denn in die Lehre passen, weil sie noch so verständlich sind für Studierende [...] neugierig sein, was sie denn eigentlich denken zu meinem Thema, in dem ich mich vielleicht schon sehr gut auskenne. Welche Fragen stellen sie?

Und Neugier auf die Menschen zu behalten. Ich finde, das ist auch ein Grundsatz, der eher in der Person liegt. Und wenn mir die Lernenden egal sind, da weiß ich nicht, ob ich dann Freude an der Lehre haben kann ... Also gut, ich kann natürlich mich über mein Fach da irgendwie freuen, aber für mich würde das dazugehören, dass ich mich in einer Interaktionssituation befinde und dass ich deswegen auch in Kontakt mit den Menschen sein will und das für mich auch befriedigende Situationen sind, wenn ich sehe, da passiert was miteinander. «

# 2. Coaching: Ablauf und Ansätze

Im zweiten Kapitel lernen Sie Coaching und zwei grundsätzliche Ansätze näher kennen, das autoritäre und das autonome Coaching. Sie lesen zudem, wie ein typischer Coaching-Prozess abläuft. Selbstcoaching wird ebenfalls thematisiert.

Um später eine Verbindung von Lehre und coachender Haltung zu schaffen, soll zunächst einmal ein gemeinsames Verständnis des Begriffs „Coaching“ entstehen. Denn darunter werden sehr viele unterschiedliche Dinge gefasst. Schon allein in der Fachliteratur existieren etliche Definitionen, und auch die Coaching-Fachverbände sind sich nicht abschließend einig. Hinzu kommt die tatsächliche Verwendung des Wortes vorrangig im beruflichen Kontext, aber auch im Privaten, wo vieles als Coaching bezeichnet wird, was wahrscheinlich besser „Training“ oder „Schulung“ hieße. Der Umstand, dass der Begriff „Coaching“ (noch?) nicht geschützt ist, führt außerdem für die Coaches und die gesamte Coaching-Branche, wenn man das so nennen möchte, zu Problemen. Zum einen ist es aus der Sicht einer Person, die nach Unterstützung sucht, schwierig zu entscheiden, welche Coaches seriös arbeiten, und eine gute Wahl zu treffen. Für die Coaches selbst bedeutet dies zum anderen, dass sie sich derart am Markt positionieren müssen, dass ihre Expertise und Qualität auch für Nicht-Fachleute erkennbar sind.

Definitionen von „Coaching“ gibt es wie erwähnt viele. In Anlehnung an Migge (2014, S. 13) verstehe ich darunter die gleichberechtigte und partnerschaftliche Zusammenarbeit mit einer gesunden Person, die mich als Prozessberaterin beauftragt. Dabei geht es um Standortbestimmung, das Schärfen von Zielen sowie das Entwickeln von Lösungs- und Umsetzungsstrategien oder den Ausbau von Kompetenzen.

Die weitreichende Definition von Coach und Coaching-Ausbilderin Dr. Brigitte Wolter, die sie in ihrem Buch „Ich will Coach werden“ vorschlägt, möchte ich Ihnen ebenfalls mit auf den Weg geben, auch wenn ich die Begrenzung auf das Einzelsetting nicht teile:

> „Coaching ist eine vertrauliche, auf Freiwilligkeit beruhende Einzelberatung von psychisch gesunden Menschen, die bewirkt, dass der Klient eigenverantwortlich und aus sich heraus eine Lösung findet. Dabei bedient sich der Coach wissenschaftlich anerkannter Methoden und Techniken mit philosophisch-psychotherapeutischen Wurzeln. Ziel des Coachings ist es, den Klienten eine nachhaltige, dauerhafte Veränderung durch neue Perspektiven, Einsichten in die eigene Persönlichkeitsstruktur, das Aufspüren und Aktivieren von Ressourcen und das Lernen aus Erkenntnis und Erfahrung zu ermöglichen.“ (Wolter, 2019, S. 30 f.)

Hervorheben möchte ich bereits an dieser Stelle die Aspekte der Vertraulichkeit und Freiwilligkeit einerseits und die Notwendigkeit der psychischen Gesundheit andererseits. Auch wenn Sie – als nicht als Coach ausgebildete Lehrperson – sowieso nicht im Sinne der aufgeführten Begriffsdefinitionen coachen werden, sind für die Arbeit mit einer coachenden Haltung hier auch schon drei Grenzen benannt (dazu ausführlicher in Kapitel 5). Sie sollten vor allem dann auf diese Art arbeiten, wenn Ihre Gegenüber Ihnen vertrauen, sich freiwillig auf diese Art von Arbeit mit Ihnen einlassen (was einen temporären Widerwillen oder das Auftreten von Widerständen nicht ausschließt) und zudem psychisch gesund in dem Sinn sind, dass sie Selbststeuerung ausüben können.

!

**Wichtig**

Coaching hat Grenzen! Coaching funktioniert, wenn psychisch gesunde Menschen freiwillig die Zusammenarbeit mit einem Coach suchen. Demnach kann Coaching niemals ein Ersatz für eine Therapie sein.

Zudem ist Coaching mit so genannten „Geschickten“ (Coachees, also zu coachenden Personen, die z. B. von Vorgesetzten zum Coaching geschickt werden) oftmals schwierig, weil erst die unterschiedlichen Problemsichten der Beteiligten betrachtet werden müssen. Aus der Sicht der „Geschickten“ existiert nämlich zunächst oft gar kein Problem.

## Typischer Ablauf eines Coaching-Prozesses

Für das bessere Verständnis von Coaching ist es hilfreich, zunächst einmal den typischen Ablauf zu kennenzulernen. Gerade wenn Sie selbst noch kein Coaching genossen haben, ist Ihnen wahrscheinlich nicht bewusst, welche Schritte die Beteiligten im Coaching-Prozess gehen und wie tief sie dabei in das Anliegen eintauchen. Sie können durch diese Informationen über den Coaching-Prozess leicht erkennen, wie stark dies von anderen Unterstützungsformaten an Hochschulen (z. B. Sprechstunden) abweicht und wieso es daher meist nicht angebracht ist, in diesen Zusammenhängen von Coaching zu sprechen. Gleichzeitig dürfen Sie auch erleichtert sein: Für das Lehren mit einer coachenden Haltung müssen Sie diese Schritte nicht selbst durchführen!

Coaching-Prozesse können unterschiedlich lange dauern: Im Extremfall lässt sich ein Anliegen mit nur einem Termin klären; oft dauert es vier oder fünf Termine; und in manchen Fällen werden zehn oder mehr Termine benötigt, bis die Lösung greifbar wird. Der Prozess läuft dennoch immer gleich ab.

1. Erstgespräch
   Hier stehen das Kennenlernen und die zunächst grobe Klärung des Anliegens im Vordergrund. Außerdem werden die Grundlagen der Zusammenarbeit besprochen (Arbeitsweise, Konditionen usw.).
2. Eingehende Situationsanalyse und Zielklärung
   Nach einer ausführlichen Betrachtung des Ist-Zustands werden die Ziele für den weiteren Prozess herausgearbeitet und ggf. priorisiert. Der Coach denkt sich in die Wirklichkeitskonstruktion des Coachees ein.
3. Entwicklung einer Lösung (Ressourcen finden)
   Der Coachee beginnt, seine Situation aus anderen Perspektiven zu betrachten, und entwickelt mit Hilfe des Coaches mögliche Lösungen für sein Anliegen.
4. Unterstützung bei der Umsetzung (Ressourcen aktivieren)
   Der Coachee erprobt seine neu gefundenen Lösungen in der Realität. Diesen Prozess regt der Coach durch Impulse an und begleitet ihn im weiteren Verlauf.
5. Evaluation
   Zum Schluss blicken die beiden Beteiligten auf den Coaching-Prozess und das Erreichte zurück.

## Abgrenzung von anderen Unterstützungsformaten

Coaching lässt sich anhand verschiedener Kriterien von anderen Unterstützungsformaten abgrenzen. Diese umfassen u.a. die Rollen der Beteiligten, den Anlass und die Herangehensweise:

- Coaching ist keine Psychotherapie.

Nur fachlich dafür ausgebildete Personen dürfen in Deutschland therapeutisch tätig werden und eine entsprechende Berufsbezeichnung führen. Anlass für eine Psychotherapie sind klinisch relevante Störungen und Erkrankungen, die durch die Therapie gelindert oder geheilt werden sollen.

- Coaching ist anders als Beratung.

Es wäre nicht ganz zutreffend, hier analog zur Psychotherapie zu formulieren „Coaching ist keine Beratung“. Oft wird Coaching als eine spezielle Form von Beratung gesehen bzw. kann Anteile von Beratung enthalten. Im klassischen Verständnis von Beratung wird Wissen im Sinn eines Ratschlags oder Lösungsvorschlags weitergegeben. Dafür ist eine gewisse Expertise im jeweiligen Gebiet unabdingbar, wohingegen im Coaching diese Expertise meist hilfreich, manchmal jedoch sogar hinderlich sein kann (nämlich dann, wenn sie in dem Moment gar nicht gefragt ist und man *ungewollt* von der Coaching- in die Beratungsrolle rutscht).

Wir werden im Folgenden zwischen Wissens- und Prozessberatung unterscheiden (vgl. Kapitel 3c). Hierbei wäre die Wissensberatung das, was ich gerade als klassische Beratung bezeichnet habe. Prozessberatung entspräche dem Coaching. Im Verlauf des Coaching-Prozesses können durchaus Situationen entstehen, in denen man als Coach bewusst und gewollt in die Beraterrolle wechselt und dies dem Coachee auch transparent macht.

- Coaching ist kein Training.

Beim Training wird trainiert, was bedeutet, dass bestimmte gewünschte Fähigkeiten auf- und ausgebaut werden sollen. Zumeist ist dabei im Vorfeld festgelegt, welche Inhalte das Training umfassen soll und welche Lernziele angestrebt werden, während sich beim Coaching die zu bearbeitenden Anliegen und Inhalte im Erstgespräch und beim ersten Termin oder unter Umständen bei den ersten Terminen klären.

Coaching kann Elemente von Training enthalten, dies kommt vor allem dann häufig vor, wenn neue Kommunikationsmuster eingeübt werden sollen.

- Coaching ähnelt der Supervision bzw. Intervision.

Bei allen drei Formaten handelt es sich um personzentrierte Vorgehensweisen, die im Zusammenhang mit beruflichen Themen durchgeführt werden (im Fall von Coaching: oft im Zusammenhang mit beruflichen Themen). Allerdings liegen verschiedene Traditionen zugrunde.

- Coaching ist kein Mentoring.

Mentoring findet meist innerhalb eines Unternehmens oder zumindest branchen- bzw. berufsfeldintern statt. Dabei begleitet eine ältere und/oder erfahrenere Person für einen begrenzten Zeitraum eine zweite Person, die sich im entsprechenden Gebiet noch orientiert, etwa nach dem Antritt einer neuen Stelle. Bei den oftmals in einem regelmäßigen Turnus stattfindenden Gesprächen werden Erfahrungen ausgetauscht und Fragen geklärt. Es kommen keine speziellen Methoden zur Anwendung, und keiner der Beteiligten muss ein Profi auf dem Gebiet von Coaching oder Beratung sein.

Sie sind verwirrt? Zu Recht! Die Begriffslandschaft rund um das Coaching ist in der Tat verwirrend, da sich zum einen die Definitionen teilweise überschneiden und zum anderen die Begriffe von den Beteiligten recht unterschiedlich ausgelegt werden.

So existiert auch im Bereich des Coachings eine Vielzahl unterschiedlichster Strömungen und Schulen, die kaum noch überschaubar erscheinen. Es lassen sich jedoch zwei grundverschiedene Coaching-Ansätze erkennen, der autoritäre und der autonome Coaching-Ansatz. Die Benennung wurde von der Hamburger Schule (Meier/Janssen) geprägt.

Für Sie ist es aus dem folgenden Grund wichtig, diese Unterscheidung zu kennen: Die grundsätzliche Haltung des autoritären Ansatzes ähnelt unter Umständen Ihrem gewohnten Denken. Sie hilft aber nicht beim Einnehmen der coachenden Haltung, wie ich sie in diesem Buch beschreibe.

Der autoritäre Coaching-Ansatz sieht vor, dass der Coach zu Beginn des Coachings eine Diagnose stellt und daraus die weiteren Handlungen oder Behandlungen des Coachees ableitet. Da all dies aus der Person und Expertise des Coaches heraus geschieht, er oder sie also gewissermaßen Autor:in der Problembehandlung ist, wird dieser Ansatz autoritär genannt. Folgt man der inneren Logik dieser Denkhaltung, versteht es sich von selbst, dass nur auf der Grundlage einer fundierten Diagnose ein passender (oder vielleicht sogar „der beste"?) Lösungsweg gefunden werden kann. Der Coach übernimmt bei diesem Ansatz sowohl die Verantwortung für die korrekte Diagnose als auch für das Ergebnis. Die individuelle Sicht des Coaches auf das Anliegen des Coachees prägt hier maßgeblich die Erkenntnisprozesse des Coachees. Eine enge Verknüpfung zu direktiver Beratung ist erkennbar.

Autonomes Coaching bedeutet im Gegensatz hierzu, dass der Coachee selbst im Mittelpunkt des Prozesses steht und mit der Begleitung des Coaches selbst sein Anliegen aus mehreren Perspektiven betrachtet und analysiert, sodass die letztlich die neuen Handlungsalternativen „von innen heraus" entstehen (und nicht von außen durch den Coach kommen). Es passiert im Coaching-Prozess demnach die vielzitierte „Hilfe zur Selbsthilfe", durch die der Coachee selbstständig, also autonom, die gewünschte Veränderung anstoßen kann. Somit liegt auch die Verantwortung für das Ergebnis bei ihm oder ihr. Dem Coach kommt eine begleitende und unterstützende Rolle zu, im Zuge derer er möglichst wertfrei das System des Coachees „besucht" und durch gezielte Fragen die Selbstreflexion anregt. Bereits in dieser kurzen Beschreibung zeigt sich die Nähe zum Konstruktivismus, der in Kapitel 3 näher thematisiert wird. Und Sie sehen schon: Meine Perspektive auf die Lehre ist eine, die dem autonomen Coaching-Ansatz entspricht.

Das hinter dem Wunsch nach Coaching liegende Ziel, nämlich nach der Veränderung einer als nicht gut empfundenen Situation, wird in den beiden Ansätzen recht unterschiedlich behandelt. Durch den Vergleich mit einer Bergwanderung soll dies noch einmal veranschaulicht werden:

Eine Person tritt mit dem Wunsch an Sie heran, einen bestimmten Berg zu erklimmen. Die Herangehensweise des autoritären Coaching-Ansatzes entspräche nun dem klassischen Job des Bergführers: Sie erfassen die Situation und schätzen ab, ob die Person überhaupt in der Lage ist, diesen Berg zu besteigen. Dann stellen Sie die erforderlichen Informationen zusammen und treffen sich am vereinbarten Tag, um sich gemeinsam nach Ihren Vorgaben auf den Weg zu machen – und zwar auf genau den Weg, den Sie ausgesucht haben. Während der Wanderung gehen Sie voraus und tragen die volle Verantwortung für die Wahl des Weges und die Zeiteinteilung. Laufen muss Ihr Kunde zwar selbst, und anstrengend wird das sicher auch, aber die Verantwortung tragen in diesem Beispiel Sie. Erst wenn beide abends sicher in der Unterkunft angekommen sind, haben Sie Ihren Job gut gemacht. Ihr Kunde freut sich sicher, dass er sein Ziel erreicht hat. Eventuell lernt er sogar etwas von Ihnen für künftige Wanderungen, obwohl das gar nicht das primäre Ziel war.

Der autonome Coaching-Ansatz lässt sich mit der Berg-Metapher etwas schwerer vereinbaren. Wenn wir im Bild bleiben möchten, wären Sie als Coach hier so etwas wie eine unaufdringliche, aber möglicherweise manchmal unbequeme Begleitung, die den Coachee und dessen Entscheidungen von der Planung bis zur Durchführung herausfordert. Sie würden gemeinsam und unter Zuhilfenahme verschiedener Methoden über die Voraussetzungen für eine solche Wanderung und über die Vor- und Nachteile der möglichen Routen nachdenken. Als Coach würden Sie außerdem mit dem Coachee herausfinden, zu welchen Ressourcen er oder sie Zugang hat, die bei der Besteigung des Berges hilfreich sein könnten. Während der Wanderung begleiten Sie den Coachee bei dessen Tour, Sie gehen „Schulter an Schulter".

Welche Schlussfolgerungen können wir hieraus ziehen? Bestünden die zukünftigen (beruflichen) Tätigkeiten der Studierenden aus einfachen Aufgaben, bei denen ein vorgegebenes Ziel erreicht werden soll, würde ich wohl den klassischen Ansatz bevorzugen. Jemand zeigt einem den Weg und begleitet die Tour zu Lernzwecken. Dabei lernt die unerfahrenere Person im wahrsten Sinne des Wortes, wo es langgeht.

Ich nehme allerdings wie oben beschrieben an, dass in Zukunft die Aufgaben komplexer werden und die Rahmenbedingungen sich immer schneller wandeln. Hierfür ist es hilfreich, schon einmal erlebt zu haben, dass man selbst viel zur Lösung des Problems bzw. zur Gestaltung der Situation beitragen kann. Die coachende Perspektive auf Lehr-Lern-Prozesse wird immer wichtiger, damit die Lernenden auch in ihnen unbekannten Situationen Verantwortung übernehmen und neuartige Herausforderungen meistern können.

## Die spezielle Rolle des Selbstcoachings

Wahrscheinlich haben Sie den Begriff des Selbstcoachings schon einmal gehört oder auch Überschriften wie „Sei Dein eigener Coach" gelesen. Wenngleich beim herkömmlichen Coaching der Coachee sowieso schon wirklich viel selbst leistet, tritt beim Selbstcoaching eine weitere Aufgabe für sie oder ihn hinzu: Durch das Wegfallen eines externen Coaches übernimmt der Coachee dessen Rolle und Aufgaben und wird tatsächlich sein eigener Coach.

Was hat das mit Ihnen und Ihrer Lehrtätigkeit zu tun? Das Selbstcoaching kann hier in zweierlei Hinsicht hilfreich wirken. Zum einen leistet Selbstcoaching Ihnen gute Dienste, wenn es um Ihre persönlichen Herausforderungen geht. Zum anderen vermag Selbstcoaching die Studierenden zu unterstützen, wenn diese vor einer Herausforderung stehen. Damit dies gelingt, sollten zunächst Sie selbst in der Lage sein, sich selbst zu coachen, um dann später mit den Studierenden in diese Richtung arbeiten und ihnen Ansätze vorschlagen zu können. Mehr dazu lesen Sie in Kapitel 3 zur coachenden Haltung und Kapitel 4 zur konkreten Umsetzung dieser Haltung in der Lehre.

Nach Fischer-Epe und Epe (2016, S. 14) bedeutet Selbstcoaching „die eigene Entwicklung an einem bestimmten Punkt gezielt und systematisch in die Hand zu nehmen und bewusst zu steuern."

Durch Selbstreflexion und das Durchlaufen verschiedener Übungen versucht man, die eigene Selbststeuerung zu verbessern und sich selbst zu entwickeln und Probleme fokussierter als sonst zu lösen. Das ist weit mehr als einfach nur Selbstmanagement, bei dem man versucht, sich und seine Ressourcen in einer Situation klug einzusetzen. Beim Selbstcoaching geht der Blick auch in die Zukunft – auf die Entwicklung eben. Dies kann die berufliche und die persönliche Entwicklung meinen.

Voraussetzung für einen solchen Selbstcoaching-Prozess ist, dass Sie überhaupt Lust verspüren, sich derart intensiv mit Ihren Zielen und Wünschen und, damit verbunden, mit ihren Entwicklungsmöglichkeiten auseinanderzusetzen. Dieser Prozess benötigt nicht nur Geduld, sondern auch ein wenig Mut, sich den unangenehmen Aspekten von Veränderungen zu stellen. Anders als beim herkömmlichen Coaching steht Ihnen beim Selbstcoaching niemand als Reflexionshilfe zur Verfügung. Sie selbst müssen auswählen, wie Sie die anliegenden Themen bearbeiten, und dabei gleich zwei Fallen vermeiden: Einerseits sollten Sie nicht ins Grübeln verfallen, andererseits jedoch auch nicht zu sanft mit sich selbst umgehen. Dann fehlt die Auseinandersetzung. Es kann also gut sein, dass Sie im Rahmen des Selbstcoachings an Grenzen stoßen und besser mit der Unterstützung eines externen Coaches weitermachen.

Wie funktioniert Selbstcoaching? Am besten gehen Sie anhand eines strukturierten Programms vor, wie es beispielsweise die oben zitierten Coaches Maren Fischer-Epe und Claus Epe vorgelegt haben. So werden Sie durch Fragen angeleitet, die Ihnen normalerweise ein Coach stellen würde. Sie eignen sich Hintergrundwissen zu Themen wie Persönlichkeit, Motivation oder Konflikten an.

In Bezug auf Ihre Rolle und Haltung als Lehrperson lege ich Ihnen zum Selbstcoaching die Fragen ans Herz, die Sie beim Weiterlesen in den verschiedenen Kapiteln finden.

Am Ende von Kapitel 3 finden Sie außerdem zehn Thesen zu hilfreichen Doppeldeckern, die Ihnen als Anregung für die weitere Entwicklung dienen können. Auf das Selbstcoaching beziehen sich insbesondere die Thesen 3 und 10.

# 3. Die coachende Haltung

Das dritte Kapitel bildet die Basis für alle folgenden Inhalte. Sie machen sich mit der coachenden Haltung und ihren drei Bausteinen vertraut. Anschließend an eine ausführliche Betrachtung des Nutzens der coachenden Haltung in der Lehre sowie in der Beratung von Studierenden zeige ich Ihnen Schritte auf dem Weg zur coachenden Haltung.

## a. Die Bausteine der coachenden Haltung

Konstruktivismus, systemisches Denken und lethologische Haltung bilden gemeinsam die coachende Haltung. Warum die Lehre in der coachenden Haltung mehr ist als der *Shift from Teaching to Learning,* erfahren Sie ebenfalls hier.

Vielleicht fragen Sie sich, wieso das Kapitel nicht die Überschrift „Wie werde ich zum Coach?" trägt.

Die Bezeichnung „Coach" ist, wie Sie mittlerweile wissen, nicht geschützt. Sie dürften sich jederzeit Coach nennen. Aus guten Gründen diskutieren die Coaching-Verbände jedoch im Sinne der Qualitätssicherung über eine Mindestdauer oder Mindeststundenzahl, die eine seriöse Coaching-Ausbildung umfassen sollte, und über unerlässliche inhaltliche und didaktische Bausteine. Gehen Sie also bitte nach der Lektüre dieses Buches nicht in die Welt hinaus und nennen sich Coach. Meinen Segen bekommen Sie dafür ausdrücklich *nicht*.

In diesem Kapitel will ich versuchen, Ihnen die grundlegenden Bausteine der coachenden Haltung so zu schildern, dass Sie über einen gedanklichen Rahmen für die Inhalte der darauffolgenden Kapitel verfügen und diese bei der Lektüre besser einordnen können. Bei Bedarf lassen sich die Inhalte jederzeit vertiefen. Mehr dazu lesen Sie im Nachwort.

## Konstruktivismus

„Den“ Konstruktivismus als solches gibt es nicht. Der Begriff bezeichnet viele unterschiedliche Ansätze in der Philosophie und Erkenntnistheorie sowie in der Psychologie und Lerntheorie sowie einigen weiteren Feldern wie Kunst und Architektur. Darüber hinaus existieren verschiedene Strömungen innerhalb der Ansätze.

Eine Annäherung an die für die coachende Haltung wichtigen Aspekte gelingt über die Beschäftigung mit den Annahmen, die sich diese Ansätze teilen.

Grundlegend für den Konstruktivismus ist der Gedanke, dass kein Mensch durch Beobachten ein abschließend gültiges, wahres Abbild der Welt (der „Wirklichkeit“) schaffen kann. Vielmehr existiert eine wahre Vielfalt von Welten – nämlich eine Welt und somit eine Wirklichkeit pro beobachtender Person. Jeder Mensch sieht aus seiner ureigenen Perspektive anders auf die Welt und erschafft sich ein eigenes gedankliches Abbild davon, also eine Konstruktion. Diese verschiedenen Konstruktionen sind nur bedingt vergleichbar und vor allem auch nur bedingt vereinbar. Zwar können sich mehrere Menschen sicherlich über ihre jeweiligen Sichtweisen verständigen. Allerdings kann es auf der Grundlage einer konstruktivistischen Weltsicht keine abschließende Wahrheit oder von den Menschen unabhängige Realität geben: Wer wollte darüber entscheiden und auf welcher Grundlage? Welches soll die beste, treffendste und letztgültige Beobachtung sein? Die der Person mit der meisten Erfahrung oder mit dem meisten Wissen? Die, die von der Mehrheit geteilt wird? Sie sehen, das würde schwierig.

Gleichzeitig greifen Menschen mit ihren Konstruktionen der Welt auch in diese Welt ein. Am deutlichsten wird das durch Sprache: Sprache erschafft Wirklichkeit. Was nicht in Worte gefasst wird, wird oft nicht wahrgenommen oder für wichtig erachtet. Es ist im wahrsten Sinne des Wortes kaum besprechbar, und es sind lange Aushandlungsprozesse in der Gesellschaft nötig, um Besprechbarkeit überhaupt erst einmal herzustellen. Dies zeigt beispielsweise die Kontroverse um gendergerechte Sprache.

Auch erscheinen uns manche Dinge als abschließend richtig, weil wir sie gut messen und erfassen können. So wissen wir etwa, bei wie viel Grad Wasser unter normalen Umständen beginnt zu kochen. Wir erkennen, wo die Grenze eines Landes verläuft, wenn wir eine Karte des betreffenden Gebiets lesen. Oder es ist uns möglich, uns für 17 Uhr zu verabreden, weil sich alle Beteiligten auf das gleiche Verständnis von Zeit berufen. Letztlich sind aber auch solche Dinge konstruiert: Menschen haben einmal festgelegt, mit welcher Skala wir Temperaturen messen wollen, mit welchen Methoden Landkarten erstellt werden bzw. wo die Grenze zwischen zwei Ländern verläuft und welches die für unsere Zeitzone gültige Uhrzeit sein soll.

Konstruktivistischem Denken liegt ein Interesse dafür zugrunde, wie Menschen z. B. durch ihre Wahrnehmungen, Definitionen und Absprachen Gedankenwelten und Systeme erschaffen, und außerdem dafür, wie sie mit Hilfe dieser Konstruktionen ihre Erfahrungen „in der Welt da draußen“ plausibilisieren.

Das Erschaffen neuer Systeme und Wirklichkeiten funktioniert nur dann, wenn diese anschlussfähig an die bestehenden Systeme sind, was bisweilen als Viabilität bezeichnet wird. Reich (2012, S. 79 f.) beschreibt dies wie folgt:

> „alles Neue benötigt einen Anschluss, eine Koordination, eine Rekonstruktion mit schon Vorhandenem. Deshalb müssen wir die konstruktive Seite menschlicher Tätigkeit immer mit den kulturellen und natürlichen Kontexten zusammendenken. Dieses Zusammendenken, diese Rekonstruktion, erzeugt die Passung, die Viabilität, die die Konstrukte für uns haben oder nicht bekommen können: Nur das, was für uns anschlussfähig ist, was wir mit unseren Handlungen und unseren Voraussetzungen koordinieren können, was in bestimmte Imaginationen, in ein Begehren, Wünschen, Erhoffen, dann aber auch in lebensweltbezogene Praktiken, Routinen und Institutionen übersetzt werden kann, werden wir als hinreichend viabel für uns erleben."

Auf dieser Basis entscheiden wir beim Lernen beispielsweise über den Nutzen von neuen Inhalten, mit denen wir uns befassen. Wenn wir diese nicht an Bekanntes „andocken" können, wird es erst einmal schwieriger. Eventuell reagieren wir mit Unverständnis und Abwehr, bis wir einen Punkt gefunden haben, an dem sich sinnvoll ansetzen lässt.

Konstruktivismus bedeutet auch, dass auf der individuellen Ebene Probleme erst dadurch entstehen, dass jemand seine aktuelle Wirklichkeit als problematisch deutet. Durch eine weitere Deutung der Wirklichkeit lässt sich ebenso wieder eine Lösung finden. Um diese weitere Deutung sehen zu können, ist mitunter die Hilfe einer zweiten Person nötig. Dies gilt auch und insbesondere für Probleme beim Studieren und Lernen. Damit ist allerdings nicht gemeint, dass die Lehrperson hilfesuchenden Studierenden mitteilt, „wie die Welt wirklich ist". Vielmehr geht es darum, den Studierenden Zugang zu weiteren Welt- und somit Problemsichten zu ermöglichen. Ob sie diese als anschlussfähig betrachten und letztlich annehmen, ist zweitrangig. Der entscheidende Schritt liegt darin, starre und nicht hilfreiche Wirklichkeitskonstruktionen zu verflüssigen, sodass neue Konstruktionen überhaupt erst entstehen können.

Der Konstruktivismus rüttelt möglicherweise an vielen Annahmen, die über Jahrzehnte die Grundlage Ihres Denkens und Handelns waren. Sie dürfen sich Zeit lassen, um zu prüfen, wie Sie mit den konstruktivistischen Thesen zurechtkommen.

Aus der Perspektive von jemandem, dessen Status als Expert:in auch davon abhängt, auf der Basis des Wissensvorsprungs über die Deutungshoheit über viele Situationen zu verfügen, wird das konstruktivistische Denken häufig als Angriff auf eben diesen Status und somit manchmal auch auf den Wert des bisher Geleisteten und Erreichten aufgefasst. Es ist auch nicht weiter verwunderlich, dass konstruktivistisches Denken für Menschen mit einem fachlichen Hintergrund in den Naturwissenschaften oder der Technik, aber auch in der Mathematik und zuweilen im Recht nicht gerade leicht zugänglich ist, weil Objektivität und Messbarkeit dort eine größere Rolle spielen. Andere Disziplinen tun sich da zum Teil wesentlich leichter.

## Systemisches Denken

Ein weiterer Baustein der coachenden Haltung ist das so genannte systemische Denken. Damit ist – stark vereinfachend ausgedrückt – gemeint, dass die Dinge nicht isoliert zu betrachten sind, sondern dass innerhalb eines Systems alles mit allem zusammenhängt. Ein System umfasst mehrere Elemente, die jeweils in einer bestimmten Beziehung zueinander stehen, die außerdem enger ist als die Beziehung zu Elementen außerhalb des Systems. Ein Paar oder eine Familie können ein System sein, ebenso eine Abteilung eines Unternehmens oder das ganze Unternehmen als solches; eine Volleyballmannschaft oder der Literaturkreis, der sich einmal im Monat trifft. Bezogen auf Hochschulen lässt sich eine Vielzahl von Systemen finden: Kurse, Studiengänge, Fakultäten, die gesamte Hochschule usw.

Beim systemischen Denken werden die engen Grenzen des fachlichen Denkens oder Bereichsdenkens verlassen, man betrachtet vielmehr die Zusammenhänge eines komplexen Wirkungsgefüges, des Systems eben. Das systemische Denken nimmt die Vogelperspektive ein, anstatt wie der Frosch im Gras von unten oder bestenfalls von der Seite auf die Dinge zu sehen. Der Frosch sieht eventuell vor lauter Schilfrohren den Tümpel nicht, der dahinter liegt.

Da sich viele Systeme in der aktuellen Zeit sehr dynamisch zeigen und viele Probleme nicht durch eine einfache Ursache-Wirkungs-Beziehung beschreibbar sind, braucht es vermehrt systemisches Denken. Nicht umsonst wird die heutige Welt gern als VUCA-Welt bezeichnet: eine Welt, die von Volatilität (*volatility*), Unsicherheit („uncertainty"), Komplexität (*complexity*) und Mehrdeutigkeit (*ambiguity*) geprägt ist.

Ein Aspekt ist besonders bedeutsam: Entwicklungen und die Veränderungen stehen beim systemischen Denken im Vordergrund, nicht der Zustand zu einem bestimmten Zeitpunkt. Auch nicht der analytische, sezierende Blick auf die Einzelteile ist beim systemischen Denken relevant, es sind die Wechselwirkungen zwischen diesen Elementen sowie die Zusammenhänge im Ganzen. So ist beispielsweise die Frage, wer Schuld daran hat, dass die Lehre keine Freude mehr bereitet, wenig sinnvoll. Im Zweifelsfall kommt bei solchen Überlegungen heraus, dass es an „den Anderen" oder „den Umständen" liegt. Damit ist nichts gewonnen.

Wie kann nun ein System gesteuert oder beeinflusst werden? Wenn kaum oder vielleicht sogar keine einfachen Ursache-Wirkungs-Zusammenhänge existieren, wird es vermutlich nicht ausreichen, auf Knopf A zu drücken, um Reaktion B zu erzielen. Die Einflussnahme von außen funktioniert bei einfachen Systemen wie etwa einer Ampel. Wenn jemand zu Fuß die Straße überqueren möchte und sich an dieser Stelle eine Ampel befindet, hilft es, den Knopf zu drücken, kurz zu warten und erst dann die Straße zu betreten, wenn der motorisierte Verkehr – indirekt durch das eigene Zutun – zum Stillstand gekommen ist.

In komplexen Systemen existiert keine solche einfache Schaltung, hier sind andere Vorgehensweisen gefragt. Systeme steuern sich selbst und können durch Impulse zu Veränderungen angeregt werden (Autopoiesis). Allerdings ist die Auswirkung eines

Impulses auf ein lebendes System nicht unbedingt vorhersehbar und schon gar nicht determinierbar. Vielleicht führt ein Impuls sogar zu Widerstand, selbst wenn er „doch nur gut gemeint war“.

Hier kommt die berühmte und weiter oben bereits erwähnte Phrase von der Hilfe zur Selbsthilfe ins Spiel. Unterstützung von außen gelingt, wenn bei der gemeinsamen Suche nach Lösungen Ressourcen zu Tage treten: Was hat und kann die ratsuchende Person schon, was kann aktiviert werden, um das Problem zu lösen? Der Blick zurück und somit das Graben in Ursachen und oft auch Schuldzuweisungen bringen nichts, sondern verhärten nur weiter die Lage.

Diese Ressourcen lassen sich mit vielfältigen Methoden finden und anregen. Die grundlegenden Ansätze lernen Sie in Kapitel 4 kennen. Ihnen allen ist gemein, dass sie die Selbstführung der gecoachten Person stärken. Ihre Aufgabe liegt daran, diesem Prozess zu vertrauen und auszuhalten, dass Sie keinen direkten Einfluss haben. Das einzige System, das eine Person ändern kann, ist das eigene.

Ein weiterer wichtiger Aspekt des systemischen Denkens ist die bereits angedeutete zirkuläre Kausalität. Wie der Begriff nahelegt, wird Kausalität nicht als etwas Lineares verstanden, das in eine Richtung wirkt, sondern als etwas Wechselseitiges. Gerade wenn Dinge nicht gelingen, kommt oft die Schuldfrage auf. Im systemischen Denken ist diese nicht haltbar, denn sie führt nicht zur Lösung. Vielmehr gilt es auf die Wechselwirkungen zu schauen und herauszufinden, welches „Spiel“ abläuft oder welche „Regelkreise“ sich etabliert haben.

Ähnlich wie beim ersten Baustein der coachenden Haltung, dem Konstruktivismus, bringt auch das systemische Denken große Veränderungen für diejenigen mit sich, die diesen Baustein neu kennenlernen. Mir kommt das ein wenig vor wie bei Kippbildern: Wer einmal die zweite Deutung eines Bildes gesehen hat, kann ab diesem Zeitpunkt immer zwischen beiden Varianten wechseln. Wenn Sie beispielsweise bei der Rubin’schen Vase nicht nur die Vase, sondern auch die Gesichter gesehen haben, können Sie diese immer wieder „abrufen“. In gleicher Weise steht Ihnen das systemische Denken als eine Art zweite Ebene immer zur Verfügung, sobald Sie es verinnerlicht haben. Unter Umständen wird daraus mit der Zeit ein ausschließlich systemisches Denken.

Es bleibt nicht aus, dass man den systemischen Blick mit in die Lehre nimmt. Dies wiederum wirkt sich auf die Didaktik und das Lehrhandeln aus. Die Lehre wird freier und flexibler, eben weil der Lehrperson bewusst ist, dass ein bestimmter Input nicht zwangsläufig zu einem direkt zurechenbaren Output führt bzw. dass ein und derselbe Input auf der Seite der Studierenden zu recht unterschiedlichen Outputs führen kann. Aus diesem Grund versucht die Lehrperson, sich auf die jeweilige Situation einzustellen und den Anwesenden bei ihrem Lernen und ihrer Entwicklung behilflich zu sein. Christof Arn hat dafür den Begriff der agilen Didaktik geprägt, die als Gegenentwurf zur herkömmlichen Plandidaktik zu verstehen ist, bei der die Lehrperson minutiös vorausplant, wer was wann und mit welchem Ergebnis tun wird. Bezeichnenderweise verwendet Arn als für seine agile Didaktik auch den Begriff der systemischen Didaktik:

„‚Systemische Didaktik‘ wäre eine hervorragende Bezeichnung [für agile Didaktik], weil systemisches Denken mehrfach von Bedeutung ist für die Sache.“ (Arn, 2016, S. 18). Dies wiederum mag ein Baustein für mehr Freude in der Lehre sein, wie wir später sehen werden.

## Lethologische Haltung

Den Satz „Ich weiß, dass ich nichts weiß.“ haben Sie sicher mehr als einmal gelesen. Er wird gern bemüht, wenn man zum Ausdruck bringen möchte, dass man im Vergleich zu anderen Unwissenden immerhin erkannt hat, dass man zu einer bestimmten Sache nichts weiß. Die so genannte lethologische Haltung im Coaching geht in eine ähnliche Richtung. Sie beschreibt eine Haltung des bewussten Nicht-Wissens und wird manchmal sogar als „lethologische Begabung“ bezeichnet (Radatz, 2010, S. 30).

Geprägt und ausführlich beschrieben hat diese Haltung Heinz von Foerster (von Foerster & Bröcker, 2007, S. 305 ff.) Im Coaching versucht man, so lange wie möglich, in dieser Haltung des bewussten Nicht-Wissens zu bleiben. Voreilige Schlussfolgerungen und die Annahme, man wüsste ja schon alles, sind im Coaching echte Killer. Denn dies verhindert ein echtes, aufmerksames Zuhören und das Ergründen der aktuellen und individuellen Geschichte bzw. des Falls. Es hat demnach viel mit Empathie und auch mit Respekt vor dem Gegenüber zu tun, wenn man sich die Zeit nimmt und sich die Mühe macht, das individuelle Anliegen genau dieser Person zu durchleuchten. Dies schließt von vornherein aus, Ratschläge zu erteilen und zu belehren. Ein solches „Besser-Wissen“ verträgt sich nicht mit dem „Nicht-Wissen“.

Gemeinsam bewegt man sich in Richtung einer möglichen Lösung. Dazu gehört das Vertrauen, dass auch eine andere als die von einem selbst als beste empfundene Lösung eine gute Wirkung entfalten kann.

„Ja, sicher“, denken Sie jetzt vielleicht, „manche Geschichten ähneln sich allerdings jedoch sehr, da laufen immer wieder die gleichen Muster ab.“ Darauf kommen wir später in Kapitel 3c noch einmal ausführlicher zurück.

Die lethologische Haltung ist vielen Lehrenden erst einmal fremd und ruft womöglich sogar eine gewisse Abwehr hervor. Vielleicht haben auch Sie schon als Kind in einer Umgebung gelernt und später im Studium in einer Umgebung studiert, in der Nicht-Wissen ein Makel war. Lieber blickte man im Klassenzimmer oder im Seminarraum zu Boden und vermied den Augenkontakt mit der Lehrperson, als dass man ertappt und folglich beschämt wurde, wenn man die Antwort auf eine Frage nicht wusste.

Was wäre das für ein Lernklima gewesen, in dem Sie neugierig und voller Wissensdurst den Blickkontakt mit der Lehrperson hätten halten können, auch und gerade, wenn Sie etwas nicht wissen? Ich finde: ein sehr lernförderliches Klima. Gemeinsam kann dann eine große Entdeckungsreise beginnen.

Die eigene Lernkarriere spielt ja gern einmal in das Lehrhandeln hinein. Wenn Ihr aktuelles Umfeld an der Hochschule noch dazu ähnlich strukturiert ist wie Ihr damaliges Lernumfeld, dann fällt es auch dort sicher nicht leicht, etwas nicht zu wissen und diesen Umstand auch noch „zuzugeben“. Damit meine ich die fachliche Ebene. Sie als Experte für mittelalterliche Handschriften oder als Expertin für Luft- und Raumfahrttechnik, *müssen* Ihr Fach auf einem bestimmten Niveau einfach beherrschen und nicht nur die grundlegenden Dinge wissen. Darüber hinaus sollten Sie sowohl einen Überblick über die Breite des Faches als auch einen Einblick in die Tiefe von Spezialgebieten haben. Schließlich ist das Ihr „täglich Brot“. Auch ein guter Teil Ihres Status baut darauf auf.

Was aber, wenn Ihnen nun im Seminar die Studierenden eine Frage stellen, die Sie nicht aus dem Stegreif beantworten können? Wie fühlen Sie sich dann? Ertappt? Bloßgestellt? Angegriffen? Wie reagieren Sie? Beschämt, wie damals in der Grundschule? Abwertend, da Angriff ja die beste Verteidigung ist? Oder souverän, weil Sie wissen, dass Sie das nicht kratzen muss? Welche Annahmen treffen Sie über die Person, die die betreffende Frage gestellt hat? Was wissen Sie über die Person? Wie hat sie sich bisher Ihnen gegenüber verhalten? Schätzen Sie sie als wohlwollend ein, oder denken Sie, sie ist auf Streit aus? Vor diesem Hintergrund fällt es sicher nicht leicht, sich bewusst in die Rolle des Nicht-Wissens und die Rolle des Nicht-Verstehens zu begeben. Denn Ihr Gegenüber wertet das vielleicht als Versagen, was Sie wiederum vielleicht nur durch ein Stirnrunzeln bemerken. Ein wenig mehr Gelassenheit würde allerdings allen Beteiligten helfen. Die studentische Frage, deren Antwort Sie nicht parat haben, bedeutet nicht den Weltuntergang. Greifen Sie sie zu einer späteren Gelegenheit wieder auf, geben Sie sie an das Plenum weiter, machen Sie eine Lerngelegenheit für alle daraus.

Nun soll es um den gegenteiligen Fall gehen: Sie sprechen mit den Studierenden über eine bestimmte Vorgehensweise bei einer anstehenden Aufgabe. Eine Studentin legt dar, wie sie plant, die Anforderungen zu erfüllen. Sie könnten das entweder für sinnvoll befinden und durchwinken oder aber vielleicht einzelne Teilschritte kritisieren. So erfahren Sie allerdings nichts über die Beweggründe der Studierenden, und Ihnen bleibt vielleicht so manches Missverständnis verborgen, das an der Oberfläche gar nicht sichtbar war. Wenn Sie sich jedoch bewusst in die lethologische Haltung begeben und nicht mehr davon ausgehen, sowieso bereits alles zu wissen und verstanden zu haben, ist der Weg frei für wohlwollende und verständnissuchende Fragen.

Oder nehmen Sie an, jemand stellt Ihnen eine Frage, die Sie leicht beantworten können. Manchmal lohnt es sich, dennoch zu fragen, mit welchem Hintergrund (oder warum gerade in dem Moment oder auf diese Art) diese Frage gestellt wurde. Auch wenn Sie annehmen, Sie wüssten dies bereits, fördert die Antwort oft interessante Erkenntnisse zu Tage. Durch das bewusste Nicht-Wissen haben Sie etwas dazugewonnen.

## Die coachende Haltung und der *Shift from Teaching to Learning*

Die drei beschriebenen Bausteine – Konstruktivismus, systemisches Denken und lethologische Haltung – bilden zusammen die coachende Haltung. Manches davon kannten Sie vielleicht noch nicht, anderes wiederum war Ihnen aus der einen oder anderen hochschuldidaktischen Fortbildung bereits vertraut. Vermutlich haben Sie sich in diesem Fall an den *Shift from Teaching to Learning* erinnert gefühlt.

Warum aber ist das alles viel mehr als der viel beschworene *Shift from Teaching to Learning*? Dieser wurde von Robert R. Barr und John Tagg im Jahr 1995 beschrieben und mit etwas Verzögerung maßgeblich von Wildt nach Deutschland gebracht. Wie der Name bereits vermuten lässt, nimmt er den Fokus weg vom Lehren und den Lehrenden und legt ihn auf die Lernenden sowie die Prozesse, die bei ihnen ablaufen. Gleichzeitig sollte der Anteil von Instruktion in der Lehre reduziert und der Anteil des aktiven Entdeckens und Lernens gesteigert werden. So, das war das Ansinnen, sollte Lernen erleichtert, vielleicht sogar erst ermöglicht werden.

Der *Shift from Teaching to Learning* wurde oft so interpretiert, dass die Lehrenden – statt Vorlesungen zu halten und Wissen zu vermitteln – passende Lernumgebungen designen und das Lernen begleiten, ja die Studierenden sogar coachen sollten. Allerdings handelt es sich hierbei nicht um Coaching in der vorhin erwähnten Definition. Denn es gibt in diesem Setting keinen Auftrag für ein echtes Coaching, und sowohl die Freiwilligkeit der Studierenden im Hinblick auf eine solche Unterstützung als auch die persönlichen Voraussetzungen der Lehrenden dürfen in Zweifel gezogen werden.

Gleichwohl spielen einzelne Elemente der coachenden Haltung beim *Shift from Teaching to Learning* eine Rolle.

Der Konstruktivismus als Grundhaltung ist im Originalartikel von Barr und Tagg deutlich zu erkennen. In einer Gegenüberstellung des „Instruction Paradigm" und des „Learning Paradigm" wird bei Letzterem ausgeführt, dass Wissen aktiv und individuell unterschiedlich konstruiert wird (Barr & Tagg, 1995, S. 21).

Systemisches Denken wird bei Barr und Tagg vor allem von den Strukturen der Lernumgebung her gedacht, da diese das dahinterliegende Paradigma sichtbar machen. Wenn also eine Hochschule den *Shift from Teaching to Learning* vollzieht, wird dies beispielsweise im geringeren Grad der Fragmentierung („educational atomism", Barr & Tagg, 1995, S. 19) erkennbar: Größere zeitliche und inhaltliche Zusammenhänge entstehen für alle am Lernen Beteiligten, Stundenpläne und Zuordnungen zu Fachbereichen o.Ä. werden aufgehoben, wenn nötig (Barr & Tagg, 1995, S. 18 f.).

Die Lethologie bzw. die Möglichkeit einer lethologischen Haltung von Lehrenden wird an keiner Stelle thematisiert. Durch die Darstellung des Lernprozesses entsteht der Eindruck, dass Lehrende das Geschehen überblicken und im Griff haben (qua Erfahrung und Expertise). Zwar wird ausgesagt, dass idealerweise in Teams von Lehrenden und Lernenden kooperativ, kollaborativ und unterstützend oder aber auch ohne Lehrperson gelernt werden soll (Barr & Tagg, 1995, S. 17). Auf das Wissen und Nicht-Wissen der Lehrperson wird jedoch an keiner Stelle eingegangen.

## b. Der Nutzen der coachenden Haltung

Die coachende Haltung bringt in verschiedenen Kontexten einen großen Nutzen mit sich: in der Fachlehre, in der Lehre des wissenschaftlichen Arbeitens, und auch bei der Betreuung und Beratung von Studierenden. Auf zwei Begriffe verdichtet lässt sich der Nutzen mit Entlastung und Freude beschreiben. Eben jener Verknüpfung von coachender Haltung und Freude ist eine ausführliche Betrachtung gewidmet.

Ihre Haltung zu den bislang geschilderten Gedanken mag zwiespältig sein. Vielleicht haben sich für Sie neue Welten aufgetan und Sie möchten gern mehr wissen. Vielleicht fragen Sie sich aber auch, was Ihnen diese coachende Haltung bringt außer Ärger und Aufwand? Schließlich scheint sie die Dinge an bestimmten Stellen ja erst einmal komplizierter zu machen. Da soll man sich einlassen auf komplett andere Sichtweisen und Denkmuster, anstatt einfach den Studierenden die fachlichen Inhalte zu vermitteln oder sie mit ihnen zu erarbeiten.

Im Folgenden möchte ich skizzieren, welche neuen Möglichkeiten und Vorteile sich Ihnen durch eine coachende Haltung in der Fachlehre, in der Lehre des wissenschaftlichen Arbeitens sowie bei der Betreuung und Beratung von Studierenden eröffnen. Diese drei Aspekte sind aus verschiedenen Gründen relevant: Die Fachlehre nimmt den größten Raum in den Curricula und vermutlich auch in Ihrer persönlichen Lehrtätigkeit ein. Der Bezug zum wissenschaftlichen Arbeiten und Denken ist sogar für alle Lehrenden an Hochschulen gegeben, da es sich hierbei um das Abgrenzungsmerkmal von anderen Lernwegen wie z. B. einer beruflichen Ausbildung handelt. Zudem wird die Rolle der so genannten Schlüsselkompetenzen oft unterschätzt – ein guter Grund, um hier einmal genauer hinzusehen. Die Betreuung und Beratung von Studierenden schließlich, die durch Sie als Lehrperson geschieht, ist prädestiniert für eine coachende Haltung, weil sie der Herangehensweise hauptberuflicher Beratungspersonen ähnelt und Sie in angepasster Form im Rahmen Ihrer Möglichkeiten mit den Studierenden arbeiten können.

### *Was nützt eine coachende Haltung in der Fachlehre?*

Der Begriff „Fachlehre“ meint jene Lehrveranstaltungen in einem Studiengang, die zum fachlichen Kern gehören. Das könnte beispielsweise eine Vorlesung zu Marketing oder Rechnungswesen innerhalb eines BWL-Studiengangs sein oder etwa ein Seminar zur Lyrik des 19. Jahrhunderts in der Germanistik. In solchen Lehrveranstaltungen stehen die zu besprechenden Inhalte sowie die zu erlernenden Fachkompetenzen im Vordergrund. Ohne diese Inhalte und Fachkompetenzen wäre das Studium nicht mehr genau dieses Studium, auch wenn die konkrete Ausgestaltung an den verschiedenen Hochschulen selbstverständlich unterschiedlich ausfallen kann. So ist vorstellbar, dass an Universität A die Lyrik des 19. Jahrhunderts eine größere Rolle spielt als an Universität B, wo stattdessen vielleicht ein Schwerpunkt auf Romanliteratur des 20. Jahrhunderts gelegt wird. Dennoch schließen sowohl die Studierenden an Universität A und B ein Germanistikstudium ab.

Letztlich geht es demnach nicht um die „Vermittlung“ eines bestimmten Wissensbestands, sondern um die exemplarische Betrachtung und Bearbeitung eines Gegenstands. An diesem Ausschnitt aus der großen Menge verfügbaren und potenziell unendlich ausbaubaren Wissens lernen die Studierenden, wie das Fach funktioniert und was es in seinem Innersten zusammenhält. Wenn also die Lehrperson nicht mehr die Person ist, die über Wissen verfügt, das sie *ex cathedra* an die Studierenden übermittelt, und diese dieses Wissen auch gar nicht mehr um dessen Inhalts willen aufnehmen müssen, dann darf auch die althergebrachte Technik des Übermittelns hinterfragt werden.

Mit Dr. Vanessa Geuen, Leiterin des SchreibCenters an der TU Darmstadt, habe ich über Spielräume in der Lehre und das Steuern der Lerngruppe gesprochen.

»

**Andrea Klein:** Was können Einzelne am System ändern?

**Vanessa Geuen:** Wir stecken zwar in diesem System und je nachdem, was ich für Karrierewünsche noch habe ... Da denke ich mir auch, eigentlich jeden Tag: Ich kann machen, was ich will, ich muss mich in diesem System nicht mehr profilieren. Also, ich bin in dieser Mühle nicht mehr drin. Und das ist so dermaßen befreiend, dass ich da auch einfach Risiken eingehen kann, dann mach ich mal irgendwas Experimentelles und wenn es schiefgeht, geht es halt schief. Aber es passiert mir nix dabei!

Und ich glaube, was Einzelne angeht, ist die große Herausforderung, die eigenen Gestaltungsspielräume zu entdecken und sie vielleicht auch mehr zu aktivieren. Das ist in diesem System nicht so einfach. Aber ich habe das schon in meinen ersten Semestern Lehre, wo ich mich noch nicht so souverän fühlte, schon gemerkt, wenn eine Sitzung mal richtig gut gelaufen ist – aktive Diskussionen, interessante und interessierte Studierende, usw. – ... ich bin da mit einem Befriedungsgefühl rausgegangen, was ich auf diese Art so nirgendwo kriege. Das habe ich ganz, ganz früh gemerkt. Das ist natürlich ein Ansporn für mich. Ich will das öfter haben, dieses Gefühl! Und ... dafür muss ich irgendwas tun. Da kann ich aber vielleicht auch gestalten dabei, usw.

Das ist jetzt ein bisschen wenig konkret. Aber ich kann ja Dinge gestalten und wenn ich sie für die Studierenden gestalte, kreativer, interessanter vielleicht, gestalte ich sie für mich selber ja auch interessanter, und das liegt dann wieder an jedem selbst. Das zu wollen, um diese Freude zu entdecken oder auch nachhaltiger anzulegen, vielleicht. Weißt du, was ich meine?

**Andrea Klein:** Es scheint mir im Endeffekt so ein Doppeldecker zu sein: Die Lehrenden müssen erst mal bei sich selbst die Spielräume finden und nehmen, damit sie die Studierenden überhaupt in diese Richtung anleiten können.

**Vanessa Geuen:** Genau. Und ich glaube auch wirklich, wenn man den Stellenwert der Hochschuldidaktik oder pädagogischer Ideen erhöhen würde, dann würde ganz viel von diesen Kräften auch frei. Ich sehe das ja auch bei mir selbst: Je mehr Ideen ich auf pädagogisch-didaktischer Ebene habe, desto spannender finde ich es, wenn ich Inhalte – von einer diffusen Idee bis hin zu irgendwelchen Texten, die ich dann mir angucke. Und dann überleg ich – okay, was könnte man Cooles damit machen? Wie könnte ich damit in der nächsten Sitzung arbeiten? Das hält einen so einfach am Laufen. Und das geht aber oft unter. Aus den genannten Gründen, glaube ich.

**Andrea Klein:** Gibt es einen offenen Punkt, den Du gerne noch thematisieren möchtest?

**Vanessa Geuen:** (überlegt) Das ist, glaube ich, wirklich was, das mache ich mir jetzt auch in unserem Gespräch auch gerade wieder so bewusst. Diese Befriedigung nach einem gut gelaufenen Seminar oder nach einem tollen Workshop, das ist wirklich eine Art von Befriedigung, die man woanders so gar nicht kriegt. Und vereinzelt erinnere ich die so ein bisschen aus dem Studium auch, wenn ich selbst in so einem Seminar war. Und wenn ich darüber nachdenke, wie waren die Dozenten damals, die das ermöglicht haben, dann waren sie inhaltlich gut vorbereitet und sie haben viel, viel Freiräume gelassen in den Seminaren, ohne aber alle sich selbst zu überlassen. Also, die haben dann eher, sozusagen, subtil aus dem Hintergrund heraus gesteuert und gelenkt. […] Je besser ich mich in dem Gebiet auskenne, desto aktiver, kreativer kann ich umgehen damit. Zwischen Freiheit und sozusagen der subtilen Steuerung von Gruppen – da die Balance zu finden. «

Traditionelle Lehrformen wie eine frontal gehaltene Vorlesung oder auch ein aus Referaten und anschließender Diskussion bestehendes Seminar sollen hier nicht kategorisch abgelehnt werden. Sie haben ihre Berechtigung, auch muss nicht jede Veranstaltung ein Feuerwerk an didaktischen Finessen und technischen Spielereien zünden, nur damit die Studierenden und die Hochschuldidaktiker:innen (vermeintlich) glücklich sind. Viel wichtiger erscheint mir die Haltung, die hinter der Wahl der Lehrform steht.

Wir haben oben gesehen, dass in das Paradigma des *Shift from Teaching to Learning* einige Gedanken aus der konstruktivistischen Lerntheorie eingeflossen sind. Weniger relevant sind dabei jedoch das systemische Denken und die lethologische Haltung.

Wer mit einer coachenden Haltung – bestehend aus allen drei genannten Elementen Konstruktivismus, systemisches Denken und lethologische Haltung – in die Lehre geht, wird Entlastung erfahren. Denn folgende Aspekte sind dieser Lehrperson bewusst:

- Das Wissen wird bei den Studierenden, also gewissermaßen „auf der Gegenseite" konstruiert.
- Eine Lehrperson kann auf das System des einzelnen Studenten oder der einzelnen Studentin einwirken, indem sie Impulse gibt. Sie kann aber niemals eine Veränderung determinieren.
- Auch eine Lehrperson muss nicht alle Inhalte oder Lösungen kennen.

Daraus ergeben sich für Sie als Lehrperson tiefgreifende Konsequenzen:

Wenn Sie sowieso nicht Ihr Wissen von A nach B, also von Ihrem Kopf in den der Studierenden, „verpflanzen" können, haben Sie keinerlei Verantwortung dafür, dass das Wissenspaket ankommt. Ihre Verantwortung endet dort, wo Sie nach bestem Wissen und Gewissen die Inhalte aufbereitet und zur Verfügung gestellt haben. Das ist durchaus herausfordernd, denn Sie werden sich bemühen, nicht zu viel und nicht zu wenig Inhalte anzugehen und diese nicht in zu vereinfachender, aber auch nicht in zu komplexer Form aufzubereiten, sodass insgesamt das neue Wissen adäquat ist für den vermuteten Wissensstand der Studierenden. Wie das geht, ist noch einmal ein anderes Thema, zu dem es hervorragende Literatur gibt, wie etwa Martin Lehners Buch zur didaktischen Reduktion des Stoffes.

Gehen wir also nun davon aus, dass Sie ein durchaus angebrachtes Wissenspaket geschnürt haben und dieses vielleicht sogar im Laufe der Semester immer wieder einmal einer selbstkritischen Überprüfung unterzogen haben und auch die Rückmeldungen aus den Evaluationen beachtet haben, sofern diese Ihnen zielführend erschienen. Mehr können und sollten Sie nicht tun! Ab diesem Punkt liegt es an den einzelnen Studierenden, das Paket zu holen, aufzuschnüren und den Inhalt zu verwenden. Allenfalls geben Sie jetzt noch Hinweise – um im Bild zu bleiben –, wo das Paket zu finden ist, mit welchem Werkzeug man es am besten öffnet und was wohl mit dem Inhalt anzustellen sei.

Beispiel: Wenn Ihr Wissenspaket aus einer Mischung aus Präsenzveranstaltungen und Materialien besteht, die auf einer Lernplattform liegen, dann bereiten Sie beides vor und besprechen mit den Studierenden, wann und wo sie sich treffen und wie sie Zugang zu den Materialien erhalten. Ab diesem Punkt liegt die Verantwortung für das Lernen bei den Studierenden. Sie tragen den Studierenden nicht das Paket hinterher oder holen Ihre eigene Schere zum Öffnen des Paketbands, indem Sie die Inhalte kurzerhand doch selbst referieren, wenn Sie merken, dass auch bei der dritten Sitzung niemand die Texte gelesen hat.

Fragen Sie sich ein letztes Mal: Habe ich meinen Teil geleistet? Steckt kein Fehler im System?

Es ist ein Irrglaube zu denken, dass die Studierenden sich mit den Materialien befassen werden, nur weil Sie noch mehr in Vorleistung gehen. Setzen Sie Grenzen und sagen Sie sich: Ab dieser Stelle lasse ich die Verantwortung dort, wo sie hingehört, nämlich bei den Studierenden. Plötzlich passiert dann auf der anderen Seite viel mehr – gut, vielleicht nicht über Nacht, aber doch relativ schnell. Und vielleicht geschehen die Änderungen bei den Studierenden nicht dann, wann Sie es erwarten oder sich erhoffen.

**Impuls**

Änderungen brauchen manchmal Zeit. Sie denken, Sie können nicht so lange warten? Ich frage Sie: Warum eigentlich nicht?

Keineswegs möchte ich übrigens mit diesen Aussagen den Eindruck erwecken, Sie sollten aus einem Kalkül heraus Ihren Lehrstil und Ihr Lehrhandeln ändern. Es geht nicht um eine gezielt herbeizuführende Änderung des Gegenübers. Vielmehr beschreibe ich, was ich selbst und viele andere Lehrende erlebt haben, die die Verantwortung nur so weit übernommen haben, wie sie als Lehrende es leisten können und sollen. Teilen Sie die Verantwortung für den Lernerfolg und lassen Sie mindestens (!) die Hälfte bei den Studierenden.

Eine coachende Haltung in der Fachlehre hilft also,

- die Verantwortung für das Lernen bewusst mit den Studierenden zu teilen,
- die Lehre so zu gestalten, dass die Studierenden Lernmöglichkeiten bekommen,
- darauf zu vertrauen, dass die Studierenden in ihrem eigenen Interesse davon Gebrauch machen.

### *Was nützt eine coachende Haltung in der Lehre des wissenschaftlichen Arbeitens?*

An manchen Hochschulen werden eigene curriculare Veranstaltungen namens „Einführung in das wissenschaftliche Arbeiten“ oder „Grundlagen wissenschaftlichen Arbeitens“ gelehrt. Diese finden häufig in den ersten Semestern statt und fallen oftmals in den Bereich der so genannten Schlüsselkompetenzen. Zuweilen ist das Erlernen des wissenschaftlichen Arbeitens auch in der Fachlehre verankert, und spätestens beim Verfassen der Abschlussarbeiten werden diese Fähigkeiten relevant.[1] Letztlich betrifft die Lehre des wissenschaftlichen Arbeitens indirekt alle Lehrenden, da wissenschaftliches Denken in allen Disziplinen, Fächern, Modulen und Lehrveranstaltungen eine mehr oder minder große Rolle spielt. Lehrende, die Texte als Studien- oder Prüfungsleistung von den Studierenden verlangen, bekommen zudem die Produkte dieses wissenschaftlichen Denkens zur Begutachtung vorgelegt.

Insbesondere beim wissenschaftlichen Arbeiten, bei dem ja kritisches Denken und Hinterfragen eingeübt und gestärkt werden sollen, wäre eine Haltung der „Wissensvermittlung“ und das Aufzeigen „des einen richtigen Wegs“ fatal. Vielmehr bietet es sich geradezu an, mit einer coachenden Haltung in die Lehre zu gehen und mit den Studierenden gemeinsam das entsprechende Wissen und die nötigen Kompetenzen aufzubauen.

Die lethologische Haltung liegt in gewisser Hinsicht dem wissenschaftlichen Arbeiten näher als der Fachlehre. Denn im Forschungsprozess spielt das Nicht-Wissen eine große Rolle; bestehendes Wissen wird unaufhörlich hinterfragt. Wenn aus dieser Haltung heraus gelehrt wird, erleben die Studierenden doppelt, was wissenschaftliches Arbeiten bedeutet.

In Hinblick auf das systemische Denken bietet das wissenschaftliche Arbeiten ein hervorragendes Anschauungsbeispiel. Denn auch wenn in der Forschung oftmals versucht wird, die Komplexität der Realität zu reduzieren und Zusammenhänge in Form von Hypothesen zu gießen, sind sich die Forschenden der Tatsache bewusst (oder sollten es zumindest sein), dass sie nur einen Ausschnitt der Welt betrachten und dies auch nur aus einer Perspektive, wo etliche weitere möglich wären. Eine Lehrperson, die ja oftmals auch forschend tätig ist, kann durch eine coachende Haltung in der Lehre des wissenschaftlichen Arbeitens darauf hinwirken, dass künftige Generationen im Wissenschaftsbetrieb sich dieses Umstands bewusst sind. Eine solche Lehrperson kann also im doppelten Sinn als gutes Beispiel vorangehen und wird nicht simple Ursache-Wirkungs-Zusammenhänge postulieren, wo keine sind.

Selbstverständlich gibt es Teilbereiche des wissenschaftlichen Arbeitens, die „einfach so sind, wie sie nun einmal sind“ (ein bestimmter Zitierstil, sprachliche und argumentative Muster in wissenschaftlichen Texten usw.). Ein wenig klassische Instruktion

---

1 Eine Betrachtung des Status quo finden Sie in meinem Blog „Wissenschaftliches Arbeiten lehren“ unter http://www.wissenschaftliches-arbeiten-lehren.de/wissenschaftliches-arbeiten-lehren-eine-bestandsaufnahme/.

im Sinn eines kurzen Lehrvortrags kann eine hilfreiche Art und Weise sein, um solche Aspekte in der Lehre zu behandeln. Dies ist kein Widerspruch zur coachenden Haltung!

Der Konstruktivismus lehrt uns, sehr verkürzt dargestellt, dass wir Wissen nicht einfach von einem Kopf in den anderen versetzen können. Auch das Wissen über wissenschaftliches Arbeiten und die sich daraus ergebenden Handlungen können nicht vorgegeben oder „angeordnet" werden. Ein Beispiel: Nur weil Sie in der Lehrveranstaltung die Regeln des Zitierens erläutert und vielleicht sogar mit den Studierenden geübt haben, werden diese sie nicht unbedingt bei der fälligen Hausarbeit korrekt anwenden. Einige werden, obwohl sie zugehört und mitgemacht haben, noch nicht vollends verstanden haben, wie das Zitieren funktioniert. Bei einigen werden beispielsweise Zeitdruck oder Unwilligkeit einer gelungenen Umsetzung entgegenstehen. Erst recht nicht haben die Studierenden durch die Erläuterung von Zitierregeln automatisch auch ein Verständnis für die Prinzipien der akademischen Redlichkeit aufgebaut. Dazu braucht es eine Auseinandersetzung mit dem Thema und ein Abwägen von Alternativen. Mittels dieser beiden Elemente können sie ein eigenes Verständnis konstruieren, das sich in der Folge in entsprechende Handlungen übersetzt und die Studierenden auch die kniffligeren Fälle eigenständig lösen lässt.

Zu gerade aufgeführten inhaltlichen Gründen, aus denen wissenschaftliches Arbeiten sehr gut aus einer coachenden Haltung heraus gelehrt werden kann oder vielleicht sogar sollte, kommt Folgendes:

Veranstaltungen aus dem Bereich Schlüsselkompetenzen leiden oftmals an einem Akzeptanzproblem und werden von vielen Studierenden weniger ernstgenommen, da es sich dabei „nur um Soft Skills" und nicht um den harten Kern des Fachs handelt. Der Nutzen für das Studium und darüber hinaus wird zu diesem Zeitpunkt noch nicht erkannt. Eine coachende Haltung hilft, die daraus resultierenden Lernhindernisse und Einwände abzubauen. Mit einer simplen Frage zu Beginn der Veranstaltung, wie etwa „Warum könnten Sie das lernen wollen?", tauchen Sie in die Gedankenwelt der Studierenden ein. Geben Sie sich nicht mit den offensichtlichen Antworten zufrieden („Weil ich die Abschlussarbeit bestehen will."), sondern fragen Sie ruhig noch ein paar Mal weiter. Sie werden viel über die Vorannahmen der Studierenden über wissenschaftliches Arbeiten erfahren und außerdem ihre Studienmotivation besser kennenlernen. So können Sie sich auf sie einstellen und erreichen sie im Laufe der Veranstaltung besser.

Eine coachende Haltung in der Lehre des wissenschaftlichen Arbeitens hilft also,

- kritisches Denken nicht nur auf fachliche Inhalte anzuwenden, sondern auch auf der Meta-Ebene zu zeigen, indem Sie die Wissensvermittlung in weiten Teilen durch einen Austausch und Ko-Konstruktion ersetzen;
- mögliche Lernhindernisse und Vorbehalte der Studierenden zu erkennen und entsprechend damit umzugehen.

### *Was nützt eine coachende Haltung in der Betreuung und Beratung von Studierenden?*

Im Verlauf eines Studiums entstehen verschiedene Situationen, in denen Studierende die Beratung einer Lehrperson suchen. Manchmal geht es dabei nur um eine kurze Verständnisfrage zu den Inhalten der zurückliegenden Veranstaltung, manchmal um eine schnelle Absprache zu einem Referat. Längere Gespräche entwickeln sich meist, wenn Rückmeldungen zu Prüfungsleistungen erwünscht oder wissenschaftliche Arbeiten zu schreiben sind.

Exemplarisch wird hier die Anfertigung einer Abschlussarbeit betrachtet. Hierbei geraten viele Lehrende vor allem aufgrund einer Frage ins Straucheln: Wieviel Unterstützung sollte ich geben? Einerseits möchten sie natürlich nicht zu stark in die studentischen Arbeiten eingreifen, andererseits die Studierenden auch nicht ins offene Messer laufen lassen, wenn grundlegende Aspekte problematisch sind, wie etwa eine unglücklich gestellte Forschungsfrage oder übersehene Stolpersteine bei Entscheidungen hinsichtlich der Methode.

Sie haben im zweiten Kapitel von den beiden Coaching-Schulen erfahren und das Beispiel mit der Bergwanderung gelesen. Im Sinne des autoritären Coachings würden Sie bei solchen Problemen im Rahmen einer Abschlussarbeit bei der Beratung die Situation analysieren und den Studierenden einen guten Weg („den richtigen Weg") aufzeigen. Die Leistung der Studierenden liegt in der korrekten Umsetzung. Im Sinne des autonomen Coachings würden Sie den Betreffenden etliche Fragen stellen, Impulse setzen und so gemeinsam zu einer Lösung kommen, die aber zu einem sehr großen Teil von den Studierenden eingebracht wird. Sie arbeiten co-kreativ aus der coachenden Haltung heraus. Die Verantwortung für die Texte bleibt dort, wo sie hingehört – bei den Studierenden!

Natürlich wäre es Ihnen als Fachperson ein Leichtes, die Arbeit selbst zu schreiben. Dass das nicht das Ziel sein kann, ist unstrittig. Ihre Leitfrage sollte sein: „Welche Impulse setze ich, sodass diese vermutlich (!) zu einem positiven Ergebnis führen?" Das bedeutet nun nicht, dass Sie die zu betreuenden Studierenden in eine bestimmte Richtung manipulieren sollen. Vielmehr bedeutet es, sie beispielsweise durch Fragen, Hinweise oder Übungen in die Lage zu versetzen, für ihr Schreibprojekt unter Anleitung selbst eine sinnvolle Lösung zu erarbeiten. Die Kunst der Betreuung besteht darin, Orientierung zu geben, ohne einzuschränken, und Freiraum zu lassen, ohne gleichgültig zu sein (Klein, 2019, S. 124). Lassen Sie nicht Ihren Perfektionismus am fremden Text aus, sondern bleiben Sie gelassen: Die Studierenden werden genau das umsetzen, wozu sie im Rahmen ihrer jeweiligen Möglichkeiten imstande sind. Das wiederum ist die Grundlage für die Bewertung der Arbeit.

In der Schreibberatung an Hochschulen wird gern mit dem Buch „Zukunftsmodell Schreibberatung. Eine Anleitung zur Begleitung von Schreibenden im Studium" von Grieshammer et al. (2019) gearbeitet. Neben vielen nützlichen Übungen werden Sie darin auch Parallelen zu den Inhalten meines Buches entdecken, etwa bezüglich des Menschenbilds und der Prozessorientierung.

Eine coachende Haltung in der Betreuung und Beratung von Studierenden hilft also,

- die Verantwortung für das Gelingen der Texte bewusst bei den Studierenden zu lassen;
- die Betreuung so zu gestalten, dass die Studierenden mit großer Eigenständigkeit nicht nur an ihren aktuellen, sondern auch an künftigen Texten, Projekten usw. arbeiten können;
- gelassen zu bleiben.

## Der Zusammenhang zwischen der coachenden Haltung und Freude

Noch bin ich Ihnen schuldig, den Zusammenhang zwischen Freude in der Lehre und der coachenden Haltung herzustellen. Freude entsteht, wie oben erläutert, wenn das Innen und das Außen in Resonanz gehen. Meine These ist nun, dass viele Lehrende diese Resonanz nicht oder nicht in einem für sie ausreichenden Maß empfinden.

Sie erinnern sich sicherlich an die zwei idealtypischen Gruppen von Lehrenden, die ich im Vorwort beschrieben habe: die Zufriedenen auf der Suche nach Mehr einerseits und die Unzufriedenen auf der Suche nach Hoffnung andererseits. Diese greife ich hier wieder auf, um zu verdeutlichen, was dieser Unterschied in Bezug auf die coachende Haltung und die dadurch potenziell aufkommende Freude in der Lehre bedeutet.

Bei der ersten Gruppe, bei den Zufriedenen auf der Suche nach Mehr, hege ich die Vermutung, dass für sie zwar der äußere Rahmen ihrer Lehre stimmt, aber in der einzelnen Lehrperson noch der Wunsch nach echter Begegnung schlummert. Damit meine ich: Die Lehrveranstaltungen dieser Lehrenden funktionieren überdurchschnittlich gut. Sie sind inhaltlich und methodisch gut durchdacht, sie kommen gut an und die Studierenden erreichen ihre Lernziele. Dennoch fehlt den Lehrenden etwas. Vielleicht ist es der Wunsch, sich selbst in der Lehre anders zu erleben. Vielleicht ist da auch der Wunsch, noch mehr bei den Studierenden zu bewirken.

Ich stelle es mir wie ein Puzzle vor. Wie in Abbildung 3 zu sehen ist, kommt bei der Gruppe der zufriedenen Lehrenden auf der Suche nach Mehr das erste Puzzlestück, das Innere, mit dem dritten Puzzlestück, dem Außen, noch nicht zusammen. Denn in der Mitte fehlt das passende Stück – das Lehrhandeln, das sowohl dem Innen als auch dem Außen gerecht wird. Es gibt noch keine Resonanz zwischen Innen und Außen, da schwingt noch nichts mit.

**Abbildung 3: Passung von Lehrhandeln (LH) und Außen (A) ohne Anschluss an das Innen (I) (eigene Darstellung)**

Auf eine für sie nicht zu greifende Art passt bei diesen Lehrenden der bisherige Lehrstil nicht komplett zu ihrer Persönlichkeit und ihren Werten. Da ist zwar alles in Ordnung mit und in der Lehre, aber an einer ihnen noch unbekannten Stelle liegt ein Potenzial brach, das sie gern entdecken möchten. Das Lehrhandeln dieser Lehrenden kommt nicht aus ihrem Inneren und spiegelt nicht wider, was sie „eigentlich" für wichtig und richtig halten. In dem einen oder anderen Fall überdecken eventuell auch die Annahmen darüber, wie gute Lehre zu sein hat, die Gestaltungsideen für die eigene Lehre. Die Lehrenden scheuen sich, sich selbst mehr zu öffnen, zum Beispiel „weil es doch schließlich um die Sache geht" oder „weil Befindlichkeiten hier nichts zu suchen haben". Damit verbauen sie sich die Chance auf das, was sie sich insgeheim wünschen: mehr Raum für die Personen bzw. die Persönlichkeit. Die Person (von lateinisch *personare*, durchtönen, klingen lassen) scheint eben nicht durch. Die Lehrperson bleibt hinter einer Maske verborgen. Sie lehrt so, wie sie glaubt, dass Lehrende eben lehren sollen.

Welche Werte werden dabei aber nicht gelebt? Ich vermute, dass es sich um Werte wie Individualität und Selbstbestimmtheit sowie Wertschätzung und Empathie und vielleicht auch den Wert Entwicklung handelt. All diese Werte sind sehr gut mit den Elementen der coachenden Haltung in Einklang zu bringen. Erinnern Sie sich an die Ausführungen im vorangegangenen Kapitel: Sowohl der Konstruktivismus und das systemische Denken als auch die lethologische Haltung beruhen auf der Achtung und Wertschätzung des Individuums und dessen Systems.

Dies bezieht sich zunächst auf die Studierenden, aber natürlich auch auf jene Lehrende selbst. Die coachende Haltung knüpft an das an, was im Inneren dieser Lehrenden vorhanden ist, und gewissermaßen den Weg nach außen noch nicht gefunden hat. Die angestrebte Passung ist in Abbildung 4 symbolisch dargestellt.

**Abbildung 4: Passung von Innen (I), Lehrhandeln (LH) und Außen (A) (eigene Darstellung)**

Bei der zweiten Gruppe von Lehrenden, den Unzufriedenen auf der Suche nach Hoffnung, verhindert etwas anderes die Freude an der Lehre. Hier sind es nicht die Werte der einzelnen Lehrperson, sondern die hinderlichen Annahmen über die Studierenden und die Einstellung zu ihnen (in Abbildung 5 durch das nicht passende Puzzlestück „A" veranschaulicht). Scheinbar verhindert das Außen ein freudvolles Lehrhandeln: Die Studierenden sind (angeblich) nicht studierfähig und nicht interessiert oder engagiert genug, und insgesamt gibt es (angeblich) zu viele von ihnen, als dass Lehre erfüllend sein könnte. Lehrende, die so denken, stehen sich selbst im Weg, wenn sie weiterhin so lehren, wie sie denken, dass es funktionieren sollte (aber nicht tut). Sie lehren weiterhin, als hätten sie andere, „bessere" Studierende, denn „wenn ich das Niveau noch mehr absenke, sind wir bald keine Hochschule mehr".

**Abbildung 5: Passung von Innen (I) und Lehrhandeln (LH) ohne Anschluss an das Außen (A) (eigene Darstellung)**

Das Innen und das Lehrhandeln passen hier perfekt zusammen. Sie sind aufeinander abgestimmt.

Die dominierenden Werte dieser Lehrenden sind: Leistung, Können, Fortschritt, Ausdauer, vielleicht auch Disziplin. Allerdings passt das letzte Puzzlestück nicht so recht dazu. Es ist nicht anschlussfähig. Die Lehre erreicht diejenigen nicht, die durch sie zum Lernen angeregt werden sollen.

Die Lehrenden übersehen in dieser Konstellation einen wichtigen Raum, nämlich den Raum, der ihnen zwischen Reiz und Reaktion zur Verfügung steht (ein Zitat des großartigen Viktor Frankl, dessen Abwandlung Sie noch in Form der ABC-Kette kennenlernen). Sie gestalten ihre Haltung nicht und treten auf der Stelle. Das verhindert Freude, weil auf diese Weise niemals das Innen und das Außen in Resonanz gehen werden.

Die coachende Haltung kann in Bezug auf die genannten Werte (Leistung usw.) ein Mittel sein, um gemeinsam mit den Studierenden Ziele zu erreichen. Damit möchte ich keinesfalls die coachende Haltung als Mittel zum Zweck anbieten. Sie ist nichts, was man anlegt, um Menschen zu manipulieren. Dafür ist sie sogar relativ schlecht geeignet, denn das benötigt mehr Zeit als andere Mittel. Ich meine vielmehr: Durch eine coachende Haltung der Lehrperson werden mittel- und langfristig in den Lehrveranstaltungen Dinge möglich, die in tiefer Resonanz mit den genannten Werten stehen.

Das Lehren in einer coachenden Haltung verlangt Flexibilität, weil jederzeit unvorhergesehene Situationen auftreten können. Sie stellt demnach eine größere Herausforderung dar, als klassisch wissensvermittelnd und dozentenzentriert zu arbeiten. Allerdings führt eine gemeisterte Herausforderung zu großer Freude, wenn der Wert der Leistung eine bedeutsame Rolle im Leben der Lehrperson spielt. Man konnte sein Wissen und seine Kompetenz auf einem höheren Niveau ausspielen.

Vielleicht erkennen Sie Anteile von beiden idealtypisch beschriebenen Lehrenden in sich. Für beide Gruppen gilt: Durch eine coachende Haltung in der Lehre kommt es zu mehr Interaktion und oft auch zu einem Ansteigen des Energielevels in der Lehrveranstaltung. Durch das Zuhören und Fragenstellen sowie durch die Beschäftigung mit dem nächsten nötigen Schritt und den möglichen Impulsen wird das Lehren persönlicher, und zwar beidseits: Sowohl Lehrende als auch Studierende zeigen mehr von sich als Person und lassen erkennen, was ihnen individuell wichtig ist. Es werden sicher auch anstrengende Aushandlungsprozesse stattfinden, aber oft entsteht auch ein bis dahin noch nicht erlebter Flow in der Lehre. Die Freude kommt daher, dass die Studierenden mitziehen und nicht geschoben werden. Es wird gemeinsame Sache gemacht.

Christof Arn benutzt zwar das Wort „Spaß" (und nicht „Freude"), wenn er über agile Didaktik schreibt, die wie oben erwähnt eine gedankliche Nähe zu den Elementen der coachenden Haltung aufweist. Dennoch sehe ich hier einen spannenden Gedanken angelegt:

„Wer die strikten Definitionen reiner agiler Didaktik und reiner Plan-Didaktik verstanden hat, kann sich nicht nur auf dem Kontinuum zwischen ihnen bewegen, sondern auch ein buntes Spiel aus Verschachtelungen treiben, ein intelligentes Durcheinander produzieren, das allen Beteiligten so richtig Spaß macht und energiegeladen Lernen vorantreibt." (Arn, 2016, S. 24)

In anderen Worten: Wer sich nicht mit nur einer Art von Didaktik begnügt, sondern beides „kann", verfügt über mehr Spielraum für sein Handeln. Nun ist die coachende Haltung nicht mit agiler Didaktik gleichzusetzen, auch wenn viele Parallelen existieren. In Abwandlung gilt die Aussage des Zitats jedoch auch für die Haltung einer Lehrperson. Wenn sie zusätzlich eine coachende Haltung einnehmen kann, eröffnet sie für sich selbst und damit auch für die Studierenden mehr Möglichkeiten. Dies wiederum treibt das Lernen voran, schafft Energie und Freude, ein regelrechter Flow entsteht.

Sollte ich die Vorteile der coachenden Haltung in wenigen Worten zusammenfassen, würde ich dies mit Entlastung und Freude beschreiben. Sie werden zum einen regelrecht entlastet, da Sie die Verantwortung für das Gelingen (berechtigterweise) teilen. Zum anderen kann durch die neue Haltung Freude entstehen, weil das Innen besser zum Außen passt und sie zudem über einen größeren Handlungsspielraum verfügen.

## c. Schritte auf dem Weg zur coachenden Haltung

Welche konkreten Schritte können oder sollten Sie gehen, um eine coachende Haltung zu erlangen? Ansatzpunkte bieten die Auseinandersetzung mit dem eigenen Menschenbild, die Auseinandersetzung mit dem eigenen Verständnis von Lehre, die Rollenklärung sowie das Hinterfragen von Denkmustern. Für all diese Punkte erhalten Sie Anregungen und Beispiele.

Sie würden jetzt vermutlich gern über einen Werkzeugkoffer verfügen, um einmal eben schnell dieses „Wunderding" der coachenden Haltung zu bauen. Wäre das nicht fantastisch – ich würde Ihnen hier eine Bauanleitung präsentieren, die Sie einfach Schritt für Schritt nachbauen können, et voilà, schon hätten wir Ihre coachende Haltung?

Sie ahnen es schon. So leicht wird es nicht.

Es gibt aber auch gute Neuigkeiten: Die coachende Haltung darf wachsen. Sie kann nicht (und sollte auch gar nicht) in einer Hauruck-Aktion quasi über Nacht entstehen. Lassen Sie der Sache Zeit. Vielleicht fremdeln Sie auch noch ein wenig mit den neuen Gedanken, von denen Sie in den vorangegangenen Kapiteln erfahren haben. Sehen Sie da ruhig genauer hin und prüfen für sich, was Ihnen noch fehlt, um sie voll und ganz für sich anzunehmen (wenn überhaupt).

Was Sie auf jeden Fall benötigen, sind Neugier und Ausdauer. Eine Haltung entsteht vor allem dann, wenn Menschen bereit sind, neue Erfahrungen zu machen und diese anschließend zu reflektieren. Wenn Sie die Reflexionsfragen im Buch ernst nehmen und sich eingehender damit befassen, haben Sie den ersten Schritt zum Selbstcoaching bereits getan.

Blicken wir einmal zurück, bevor wir weiter nach vorne gehen, und stellen uns einen Dozenten „vom alten Schlag" vor. Vielleicht taucht vor Ihrem inneren Auge jemand aus den klassischen einschlägigen Filmen auf.

Die Studierenden sitzen in mehreren Reihen im Hörsaal oder aber im Seminarraum an Tischen, die in U-Form gestellt wurden. So oder so ist erkennbar, wer hier das Sagen hat. Dies ist selbstverständlich die Person am vorderen Ende des Raums, die – vielleicht sogar mit einem Stehpult ausgestattet – spricht, und alle hören zu. Diese Person weiß viel, denn sie hat viele Jahre in ihrem Feld zugebracht und Wissen angesammelt. Dieses Wissen soll nun „weitergegeben" werden, wozu die Anwesenden natürlich zuhören müssen und sich bemühen sollten, alles zu verstehen. Im besten Fall erreichen alle die Lernziele. Wenn nicht – und das ist so gut wie immer der Fall –, haben sie wohl etwas falsch gemacht (denkt zumindest der Dozent, denn er hat ja all das Wissen wunderbar aufbereitet und dargeboten). Der Dozent darf qua seines Status sowie seines Wissens- und Erfahrungsvorsprungs Ratschläge geben. Dies dürfen nach seiner Ansicht die Mitstudierenden keinesfalls, von Peer-Feedback hält er nichts, weil die Mitstudierenden ja genau so viel (oder eher wenig) wissen, wie die Person, die um Feedback bittet.

Eine Person wie dieser Dozent legt auf dem Weg zur coachenden Haltung einen weiteren Weg zurück als eine Person, die schon etwas „moderner" denkt und sich beispielsweise bereits mit den Gedanken des *Shifts from Teaching to Learning* befasst hat.

Im Folgenden lesen Sie über verschiedene Ansatzpunkte, die – wie könnte es anders sein – alle miteinander zusammenhängen:

- Menschenbild,
- Verständnis von Lehre,
- Rollenklärung: die verschiedenen Arten von Expertise,
- ungünstige Denkmuster ändern.

Sie können diese Ansatzpunkte einzeln und der Reihe nach angehen. Dabei werden Sie merken, dass sich Doppelungen ergeben. Das liegt in der Natur der Sache. Alternativ betrachten Sie die einzelnen Ansatzpunkte von vornherein eher gemeinsam und ziehen sich aus den folgenden Blöcken erst einmal die Anregungen und Fragen, die Sie jetzt ansprechen, und lassen den Rest für einen späteren Zeitpunkt.

## Menschenbild

Welche Vorstellung machen Sie sich vom Wesen des Menschen? Dies ist stark geprägt von der Kultur, in der Sie aufgewachsen sind bzw. in der Sie leben, und auch ein wenig von der Zeit, in die Sie hineingeboren wurden. In der heutigen Zeit stehen die unterschiedlichsten Menschenbilder nebeneinander. Je nachdem, welche Perspektive Sie einnehmen, kommen Sie zu anderen Aussagen über das Wesen des Menschen. Ihnen ist vielleicht gar nicht bewusst, welches Menschenbild Sie nun genau haben – es sei denn, Sie haben sich bereits aktiv damit auseinandergesetzt.

Es ist anzunehmen, dass das jeweilige Menschenbild das Handeln beeinflusst. Aus dem Bereich der Führung etwa lassen sich diesbezüglich Anleihen nehmen, die auf das Lehren übertragen werden können. Denn schon früh in den 1960er Jahren postulierten Douglas McGregor und dann Edgar Schein die Existenz verschiedener Menschenbilder und deren Zusammenhang mit dem Führungsverhalten in Organisationen.

In „The Human Side of Enterprise" (1960) beschreibt McGregor die so genannten Theorien X und Y, bei denen es sich genau genommen um Menschenbilder und nicht um Theorien handelt. In der Theorie X wird der Mensch als von Natur aus faul und arbeitsvermeidend charakterisiert. Er lässt sich von außen durch Belohnung oder auch Bestrafung steuern. Der Mensch in der Theorie Y hingegen wird als engagiert und diszipliniert beschrieben. Er ist in der Lage, sich selbst zu steuern und Verantwortung zu übernehmen.

Wer eher der Theorie X anhängt, wird autoritärer führen als jemand, der Theorie Y für stimmiger hält. Dabei verstärkt sich vermutlich das Verhalten von Führenden und

Geführten gegenseitig – im positiven wie im negativen Sinn. In Abbildung 6 sehen Sie diese Kreisläufe.

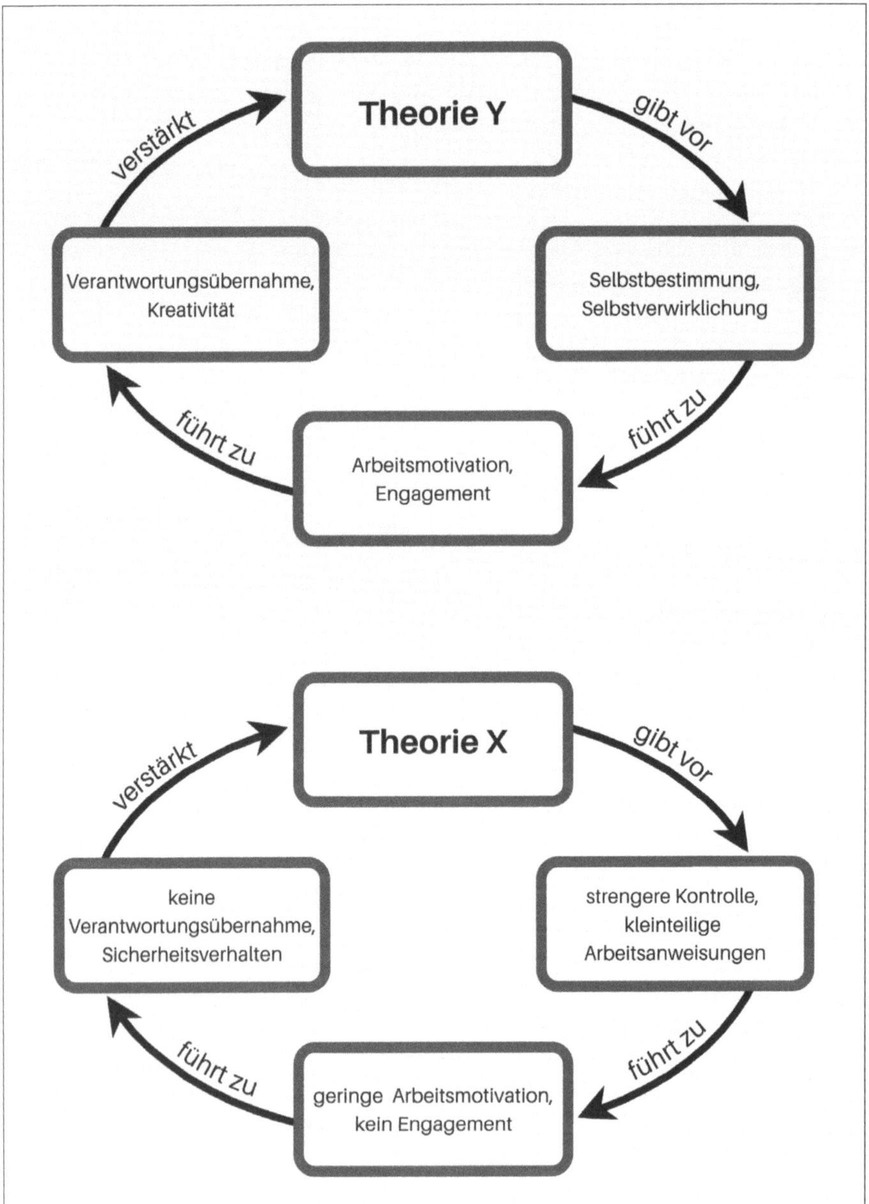


**Abbildung 6: Theorie X und Y nach McGregor (1960)**

McGregors Schüler Schein (1965) baute diese Gedanken aus und verwendete vier Menschenbilder: 1) der rational-ökonomische Mensch (entspricht in etwa Theorie X), 2) der soziale Mensch, 3) der sich selbst verwirklichende Mensch (entspricht in etwa Theorie Y) und 4) der komplexe Mensch.

Im Zusammenhang mit der coachenden Haltung möchte ich vor allem das Menschbild des sich selbst verwirklichenden Menschen und das des komplexen Menschen (bzw. jeweils einzelne Aspekte davon) herausheben. Ersteres zieht im Führungsverhalten eine verstärkte Mitbestimmung der Mitarbeitenden nach sich. Im Hinblick auf die Führung des komplexen Menschen ist es für die Führungsperson essenziell, sich auf die sich ständig ändernden Situationen und Motivlagen einzustellen und sich vom Gedanken „der einen richtigen Organisation" zu verabschieden.

In der Übertragung auf die Hochschullehre bedeuten diese Gedanken mehrere Dinge.

Zunächst ist davon auszugehen, dass die Lehrperson mit ihrem Denken und Handeln bestimmte Wirkungen bei den Studierenden hervorruft. Nimmt eine Lehrperson an, dass Studierende tendenziell faul und uninteressiert sind (Theorie X), wird sie versuchen, sie mit äußeren Anreizen wie Noten zu locken und ihnen so das Lernen schmackhaft zu machen oder sie mit Zwang (vermeintlich) zum Lernen zu bringen, etwa durch die strenge Kontrolle der Anwesenheit – und sich wundern, wieso sich die Studierenden so passiv und lustlos verhalten. Man könnte übrigens meinen, dass das aktuelle Hochschulsystem an vielen Stellen einen Studenten oder eine Studentin X annimmt, d.h. jemanden, dessen Wesen der Theorie X von McGregor entspricht. Lehrende, die eher den Studenten oder die Studentin Y annehmen, werden davon ausgehen, dass die Studierenden etwas lernen und sich in ein Gebiet einarbeiten wollen. Sie geben ihnen einen Vertrauensvorschuss und werden mit Engagement und Kreativität belohnt. Gemeinsam kann so Großes entstehen.

Ein Beispiel dafür, wie sehr die Lehrperson auf die Studierenden wirkt, lesen Sie in dem folgenden Interviewauszug mit der Anglistin Katharina Pietsch.

» **Katharina Pietsch:** Und das wäre auch noch eine Sache, die ich einwerfen könnte, weil es eine interessante Erfahrung ist, die ich und auch andere Kolleg:innen, die so über diese Dinge nachdenken und sie umsetzen, machen. Nämlich dass wir es auch oft mit ganz anderen Studierenden zu tun haben als manche andere Lehrende, mit denen wir zusammenarbeiten. Also, dass oft diese Klagekultur, die es bestimmt nicht nur in dem Fach gibt, in dem ich gearbeitet habe, in einer großen Diskrepanz steht zu der Wahrnehmung, die wir haben. Wir haben immer das Gefühl, wir haben eigentlich ganz andere

Studierende als die, über die unsere Kolleg:innen so viel klagen. Was nicht wirklich sein kann. Das ist auch noch mal eine interessante, augenöffnende Erfahrung, finde ich, weil es noch mal zeigt: Die Sachen, die ich mache – also die Prozessverantwortung, die Beziehungsverantwortung, die ich wahrnehme – die haben wirklich so große Auswirkungen, dass die Studierenden, mit denen ich dann zusammenarbeite, auf einmal so wirken, als wären das ganz andere Menschen. Das heißt, ich habe als Lehrende wirklich viel in der Hand ... zu verändern und Auswirkungen zu kreieren, die dann auch dieses Lehr-Lern-System Seminar z. B. so verändern, dass ich es eben auf einmal mit anderen Menschen zu tun habe. Ich verstehe auch, dass das ... als bedrohlich empfunden werden kann von Lehrenden, weil wenn ich mir klarmache, ich habe z. B. schon 10 oder 15 oder 20 Jahre Lehre an der Uni hinter mir und habe ziemlich unter dem Frust gelitten [...]. Sich dann klarzumachen, ich habe viel von diesem Frust eigentlich mir selber zu verdanken oder zumindest hätte ich viel mehr dagegen machen können – das ist ja keine angenehme Erkenntnis, sich das einzugestehen. Ich denke, das ist einer der Punkte, wo dieses System sozusagen ein großes Verharrungsvermögen hat. Ich hatte, glaube ich, das große Glück, dass ich sehr schnell am Anfang meiner Lehrkarriere, es geschafft habe, Veränderungen – im Vergleich zu dem, wie es eben normalerweise gemacht wird – einzubauen und dadurch positive Erfahrungen zu machen. Aber wenn jemand das nicht gemacht hat ... dann ist das auch schwer, damit anzufangen, weil es eben bedeutet, anzuerkennen: „Ich hatte eigentlich viel mehr Möglichkeiten, Einfluss darauf zu nehmen, welche Erfahrungen ich mache und welche Erfahrungen die Studierenden machen, als ich mir das bisher klargemacht habe.“ «

Ich schließe mich diesen Aussagen komplett an. Sie merken schon, ich hadere mit einigen Bedingungen, die im aktuellen Hochschulsystem herrschen. Hier werden Räume eng gemacht, die sich Lehrende und Studierende mit viel Mühe zurückerobern, bevor sie mit der eigentlichen inhaltlichen Arbeit loslegen können.

Wenn wir nun noch einbeziehen, dass Studierende eventuell der komplexe Mensch nach Schein sein könnten, dessen Situation und dessen Motive einem ständigen Wandel unterworfen sind, scheint es umso plausibler, dass Lehre flexibel sein muss, um überhaupt handlungsfähig zu bleiben. Diese Flexibilität kommt unter anderem durch die Erweiterung des eigenen Spielraums im Denken und Handeln zustande.

## Verständnis von Lehre

Eine vertiefte Auseinandersetzung mit Ihrem Verständnis von Lehre bzw. die Arbeit daran kann sehr hilfreich sein. Hand aufs Herz, sind Sie wie viele, viele andere Lehrende auch relativ unvorbereitet in die Lehre gestolpert? Damit meine ich nicht die fachliche Seite, sondern den Umstand, dass hinsichtlich der didaktischen Vorkenntnisse meist keinerlei Zugangsvoraussetzungen für das Lehren an Hochschulen existieren. Wer die Inhalte „draufhat" und die formalen Voraussetzungen erfüllt, darf lehren. Oft kommen dabei sogar einigermaßen ansehnliche Lehrveranstaltungen heraus, schließlich möchten viele ja ihr Bestes geben.

Gute Lehre im anfangs beschriebenen Sinn erfordert jedoch mehr. Wenn Sie sich nun gern mit diesem Themenkomplex befassen möchten, aber nicht wissen, wo Sie ansetzen können, empfehle ich Ihnen, zunächst einmal nachzulesen, was es mit dem Übergang von der Wissens- zur Kompetenzorientierung auf sich hat und wie diese möglicherweise in der Entwicklungsorientierung aufgehen. Auch die verschiedenen Perspektiven auf Lernprozesse (behavioristisch, kognitivistisch und konstruktivistisch) können gut als Einstieg dienen. Eine knappe Übersicht dazu finden Sie in Kapitel 4c, „Den nächsten nötigen Schritt erkennen".

Wenn Ihnen ein eher kreativ-spielerischer Zugang mehr liegt, suchen Sie sich doch erst einmal eine oder mehrere passende Metaphern für Ihr Lehrhandeln aus (inspiriert von Ulrike Hankes Gedanken: https://bibliotheksdidaktik-online.de/entscheidungen-erleichtern/). Sehen Sie sich vielleicht in Ihrer Position als Lehrperson als eine Art Lokomotive, die den Rest der Eisenbahn auf einem vorbestimmten Weg mitzieht? Oder sind Sie eher eine Art Gärtner:in und sorgen für optimale Bedingungen, sodass die Pflanzen wachsen? Entspricht Ihr Verständnis eher dem eines Reiseführers oder einer Bergführerin? Die Zahl der möglichen Metaphern ist endlos. Gehen Sie auf die Suche und entdecken Sie Ihr Lehrverständnis auf diese Art.

Wie das Ergebnis mit meiner eigenen Auseinandersetzung mit dem Verständnis von Lehre aussieht, lesen Sie in meiner Lehrphilosophie (auf Seite 60). Vor ein paar Jahren habe ich begonnen, mich intensiver mit meiner Haltung zur Lehre zu befassen und meinen Gedanken in einer Lehrphilosophie eine Form zu geben. Im Oktober 2017 habe ich das Ergebnis dann erstmals in der Lehre verwendet und auf meinem Blog veröffentlicht.

Der Einsatz der Lehrphilosophie änderte für mich alles. Meine Lehre ohne Lehrphilosophie war sicher von der gleichen Haltung getragen und von den gleichen Gedanken geprägt. Inhaltlich hat sich demnach nichts geändert, dafür aber strukturell. Die Haltung und die Gedanken sind schriftlich festgehalten und somit erst einmal unverrückbar. Ich mache den Studierenden die Lehrphilosophie zugänglich und lege mich damit auf genau diese Haltung und Gedanken fest, was die Studierenden wahrnehmen und ihrerseits durch eine offene Kommunikation honorieren.

Die Lehrphilosophie ist auch heute noch zutreffend. Einzig der Abschnitt mit den Laptops und Handys scheint durch die Distanzlehre etwas aus der Zeit gefallen zu sein.

Auch in der Präsenzlehre hat er bisweilen zu Diskussionen geführt, doch das bringt uns hier zu weit vom eigentlichen Thema ab.

## Lehrphilosophie

**Welche Gedanken liegen meiner Lehrtätigkeit zugrunde? Wie sieht darauf aufbauend meine Lehre aus? Welchen Mehrwert haben Sie davon? Als Studierende haben Sie ein berechtigtes Interesse daran, dies zu erfahren.**

**Menschenbild**

Als Studierende tragen Sie die volle Verantwortung für sich selbst, Ihren Lernprozess und Ihren individuellen Fortschritt. Sie haben sich – als Erwachsene und selbstbestimmte Individuen – dafür entschieden, etwas zu lernen und sich weiterentwickeln zu wollen. In meiner Rolle als Dozentin helfe ich Ihnen nach Kräften dabei.

**Werte**

Das Zulassen von Individualität halte ich für maßgeblich für einen gelungenen Lernprozess. Jeder Mensch bringt seine persönlichen Vorlieben mit und darf seinen eigenen Weg gehen. Nur wenn dieser nachweislich nicht funktioniert, suchen wir nach Alternativen. Ich biete Ihnen an, Sie bei Ihrer Entwicklung zu begleiten.

Ehrlichkeit und Verlässlichkeit sind zwei bedeutsame Werte für mich. Ich wünsche mir daher eine offene, vertrauensvolle Kommunikation und Zuverlässigkeit bei Absprachen.

**Verständnis von Wissen**

Wissen wird gemeinsam konstruiert; es kann nicht einfach von einem Kopf in den anderen transferiert werden. Wissen wandelt sich zudem und hängt vom Kontext ab. Bei unserem gemeinsamen Lernen dürfen alle Beteiligten auch einmal nichts wissen und Fehler machen.

In dieser Gemeinschaft von Lehrenden und Lernenden wünsche ich mir kritische Geister und eine Ausgewogenheit von „believing game" und „doubting game". Für neue Ideen kann ich mich immer begeistern, ich tausche mich gern mit Ihnen darüber aus. Durch das gemeinsame Denken und Kritisieren schärfen wir die Argumentation.

**Lehrmethoden und -setting**

In der Lehre wähle ich die Methoden und das Setting. Ich bitte Sie um Ihr Vertrauen, auch wenn es vielleicht einmal herausfordernd für Sie wird.

Gern beginne ich die Veranstaltungen mit einem kurzen Input, an den sich Fragen und Gruppenarbeiten anschließen. Dabei sind mir Feedback und Ergebnissicherung wichtig. Von Zeit zu Zeit lasse ich Sie schreiben, insbesondere zur Reflexion.

In meinen Veranstaltungen gibt es Laptops, Smartphones u.ä. nur nach Aufforderung. Ich brauche Sie als aktiven, engagierten und mit allen Sinnen anwesenden Menschen.

**Lehrziel**

Ich möchte Ihnen helfen, Ihre Ziele zu erreichen. Ich möchte Ihnen Zugänge zu Inhalten und Personen ermöglichen, so dass Sie Ihre Ideen umsetzen und damit glänzen können.

Ansätze, die mich prägen
Christoph Arns „Agile Hochschuldidaktik", Carol Dwecks „Growth Mindset", Sonja Radatz' „Relationale Weiterbildung", Rogers' „Effective Teacher", die Positive Psychologie und Hartmut Rosas „Resonanz"

www.perfectible.de | Dr. Andrea Klein | Oktober 2017

## Rollenklärung: die verschiedenen Arten von Expertise

Im System Hochschule sind Sie in vielen Rollen unterwegs: als Forschende:r, als Lehrende:r, als Mitglied von Gremien und Ausschüssen, als Gutacher:in und Prüfer:in, als Kummerkasten, als Vorgesetzte:r, als „Untergebene:r" und als Kolleg:in. Manchmal agieren Sie vielleicht auch als Mentor:in oder als Vorbild. Da kann es ab und an nützlich sein sich zu fragen: „Wer bin ich, und als wer handele ich hier *gerade*?"

In diesem Buch steht die Lehre im Fokus und damit verbunden auch die Beratung von Studierenden. Im ersten Kapitel haben Sie gelesen, dass unter Wissensberatung am ehesten eine klassische Beratung aus einer bestimmten fachlichen Expertise heraus zu verstehen ist und dass Prozessberatung eher dem Coaching entspricht. Eine Lehrperson ist natürlich weder Berater:in noch Coach im klassischen Sinn, sondern meist eine Person, die im Gebiet der Beratung semiprofessionell agiert, obwohl sie hauptamtlich etwas anderes tut, nämlich lehren und forschen (Szczyrba & Ulrich, 2021, S. 242). Daher ist erst einmal gedanklich zu prüfen, wo die Überschneidungen liegen könnten. In Bezug auf die Future Skills habe ich ja bereits argumentiert, dass die klassische Wissensvermittlung an Bedeutung verliert und kreatives, eigenständiges Arbeiten sowie begleitendes Mentoring und Coaching an Bedeutung gewinnen.

Manuel Barthelmess (2016) verwendet für bestimmte Ansichten bzw. Annahmen den Begriff der Hybris, was vielleicht am ehesten als Überheblichkeit interpretiert werden kann. Er beschreibt vier Formen, die ich im Folgenden in den Kontext von Hochschulen setzen möchte:

1. Die Hybris des Wissens
   Oftmals ist eine Person imstande, eine andere Person fachlich zu beraten und durch das Einbringen ihrer Expertise die schnelle Lösung für ein Problem zu liefern. Für viele begründet sich darin ihre berufliche Berechtigung, denken Sie nur an IT-Support-Teams. Dozierende verfügen gegenüber den Studierenden ebenfalls über einen Wissens- bzw. „Expertisevorsprung". Dieser wird von beiden Seiten oft als Gefälle empfunden und von manchen Beteiligten auch (innerlich) überbetont. Aus Dozierendensicht entspräche das einem Denken von „Ich weiß hier alles, Ihr nichts!", aus Studierendensicht einem „Ich weiß nichts – sagen Sie mir, was richtig ist!".

2. Die Hybris des Verstehens
   Verstehen zu wollen, was das Gegenüber mitteilen möchte, ist eine der Grundvoraussetzungen für gelingende Kommunikation und auch für gelingende Beratung. Allerdings nehmen viele um einen Rat gefragte Personen oft vorschnell an, dass sie bereits verstanden hätten, worum es der ratsuchenden Person geht. Sie glauben, das Problem in der Vergangenheit schon hunderte Male gehört (und gelöst) zu haben. Deswegen hören sie nicht richtig zu und unternehmen keine Anstrengung, den aktuellen Fall auch tatsächlich als Einzelfall zu ergründen.

3. Die Hybris der Distanzierung
   „Ich bin hier immerhin die Dozentin“ – dieser Gedanke einer fiktiven Dozentin drückt aus, dass die Person sich innerlich nicht auf einer Ebene mit den Studierenden sieht, sondern darüber. Anders als bei der Hybris des Wissens geht es nicht nur um den Wissensvorsprung einer Person, sondern um die ganze Person. Gewissermaßen aus der Ferne betrachtet diese Dozentin die Probleme der Studierenden, deren Gedanken, Gefühle und Handlungen von den eigenen abgekoppelt zu sein scheinen.

4. Die Hybris des Misstrauens
   Die vierte Hybris bezeichnet den Umstand, dass Ratsuchende und Ratgebende sich ungut bedingen können. Studierende, die immer wieder den Rat der Dozierenden suchen, wirken hilflos und können sich scheinbar nicht selbst helfen. Manche Dozierende fühlen sich dadurch geschmeichelt und bestätigt („Ohne meine Hilfe hätte der heute noch keinen Abschluss!“). Gleichzeitig machen Sie dadurch die Erfahrung, dass bei ratsuchenden Studierenden Misstrauen in deren eigene Problemlösefähigkeit durchaus angemessen erscheint.

Lassen Sie uns zur Verdeutlichung die Gedankenwelt eines wiederum fiktiven Dozenten ansehen, dessen Studierende mit einer schriftlichen Ausarbeitung nicht zurechtkommen. Er denkt:

> „Ich weiß besser als die Studierenden, wie man einen solchen Text schreibt, darin bin ich deutlich geübter. Daher verstehe ich auch besser als die Studierenden selbst, welche Probleme sie eigentlich beim Schreiben haben. Was die mir immer alles erzählen wollen … Aber auf die persönlichen Umstände und die angeblichen Gründe, die die Studierenden beim Schreiben behindern, lasse ich mich deswegen nicht näher ein. Daran müssen die schon selbst arbeiten. Ich stelle denen jetzt mal eine Mustergliederung als Vorlage zur Verfügung, sonst wird das eh nix.“

Dieser Dozent bietet vorschnell eine Standardlösung oder eine Lösung, die für ihn funktioniert. Das Problem hat er zuvor jedoch nicht näher durchleuchtet. Er nimmt einfach an, dass die Studierenden nicht ins Schreiben kommen, weil sie ihre Gedanken nicht ordnen können und ihnen eine Struktur für ihren Text fehlt. Andere Schreibhemmnisse wie etwa Probleme beim Umgang mit der Literatur oder aber mit dem Formulieren des Texts blendet er aus. Er hält die Studierenden auch für zu jung und unerfahren, als dass sie zur Problemlösung beitragen könnten. Schon gar nicht traut er ihnen zu, das Problem komplett aus eigener Kraft zu lösen. Er distanziert sich und „lässt sich nicht näher ein“, weil das für ihn wohl Zeitverschwendung wäre.

### Impuls

Welche der beschriebenen Denkhaltungen („Hybris des …") erkennen Sie bei sich? Mit welcher sind Sie glücklich? Bei welcher haben Sie eine leise Ahnung, dass Sie sie auf Dauer nicht (allein) aufrechthalten wollen? Welche macht Sie jetzt schon richtig unzufrieden?

Selbstverständlich treten immer wieder Situationen auf, in denen Wissen, Verstehen, Distanzieren und Misstrauen angebracht und sogar zielführend sind:

- Dozierende ohne Wissens- und Expertisevorsprung werden mitunter Akzeptanzprobleme bekommen, da sich das Hochschulsystem darauf begründet, dass Personen auf höheren Karrierestufen diese (hoffentlich) durch ihre größere Expertise erreicht haben. Demnach wissen und können Personen mit Professur mehr als jene im wissenschaftlichen Mittelbau, die wiederum mehr wissen und können als Studierende. In grundlegenden Fragen des Faches sollten Dozierende also auf jeden Fall auskunftsfähig sein, damit ihre Expertise von den Studierenden auch anerkannt wird. (Problematisch wird dies manchmal in überfachlichen Lehrveranstaltungen, wenn Studierende nur Lehrende mit Fachexpertise gelten lassen können und Schwierigkeiten haben, Lehrende anzuerkennen, die ohne Expertise im Studienfach, dafür aber mit großer Prozessexpertise lehren.)
- Während vorschnelles, vermeintliches Verstehen die Kommunikation behindert, führt ein schnelles und auf Erfahrung basierendes Verstehen oft direkt zur Lösung des Problems. Unter Umständen sind Studierende manchmal nicht in der Lage, ihr Problem klar zu benennen oder vermuten es dort, wo es eventuell gar nicht liegt. Dann hilft ein freundlicher, verstehender Blick von außen auf das Problem. Beispielsweise vermuten Studierende immer wieder, sie würden den Überblick verlieren, wenn sie für ihre Arbeiten „zu viel" Literatur recherchieren. Mit anderen Lesetechniken und durch den Einsatz eines Literaturverwaltungssystems gelingt das dann doch. Das bedeutet, dass das Problem nicht an der Menge der Literatur lag, sondern am Umgang damit.
- Distanz hilft dabei, sich die Probleme der Studierenden nicht zu eigen zu machen. So manche Hilfe ist gut gemeint, schießt aber deutlich über das Ziel hinaus. Da wäre die Dozentin, die für den Studenten Literatur sucht, weil dieser einfach keine angemessenen Quellen findet (anstatt ihn zu fragen, wie und wo er bereits gesucht hat). Oder da hören wir von einem Dozenten, der sich wohlmeinend nahezu im Wochenrhythmus nach dem Stand der Arbeit einer Studentin erkundigt, die zu Beginn des Bearbeitungszeitraums keinen Einstieg fand (besser wohl, er würde die Abstände vergrößern oder die Initiative komplett der Studierenden überlassen).

In beiden Fällen ist es gut möglich, dass das Problem sich genau durch das (gut gemeinte) „Dranbleiben" fortsetzt und bei einem distanzierteren Verhalten der Dozierenden nachhaltigere Fortschritte erzielt worden wären.

- Misstrauen in die Problemlösefähigkeit bestimmter Studierender, die schon mehrfach gezeigt haben, dass sie nicht zur Lösung ihrer studienrelevanten Probleme in der Lage sind – sei es, weil fachliche Grundlagen fehlen oder weil andere Probleme verhindern, dass sie sich auf ihr Studium konzentrieren. Dann sind vollkommen andere Hilfestellungen gefragt (Nachhilfe, Studienberatung usw.).

Zur Verdeutlichung noch ein paar Beispiele: Es wäre, um es überspitzt auszudrücken, sehr sonderbar, wenn sich in einer Lehrveranstaltung zum wissenschaftlichen Arbeiten im ersten Semester der folgende Dialog ereignen würde:

*Studentin: „Können Sie mir bitte sagen, ob ich diesen Sammelbandbeitrag im Literaturverzeichnis richtig angegeben habe?"*

*Dozentin: „Puh, also was ein Sammelbandbeitrag ist, weiß ich jetzt auch nicht so genau."*

*Hier fehlt einschlägiges Wissen. Dies führt zu mangelnder Glaubwürdigkeit und erschüttert das Vertrauen in die Professionalität der Dozentin.*

oder

*Dozentin: „Warten Sie, ich korrigiere gleich mal Ihr komplettes Verzeichnis durch!"*

*Hier mangelt es an Distanzierung. Daraus resultiert wahrscheinlich in Zukunft eine gewisse „Service-Erwartung" der Studentin.*

*Ebenso sonderbar wäre es, hinter einer solch einfachen Frage wie der der Studentin, die eine Information zum Zitieren erhalten möchte, ein tieferliegendes Problem zu vermuten:*

*Studentin: „Können Sie mir bitte sagen, ob ich diesen Sammelbandbeitrag im Literaturverzeichnis richtig angegeben habe?"*

*Dozentin, ohne das Verzeichnis angesehen zu haben: „Schildern Sie mir doch erst einmal, welche Erfahrungen Sie mit dem Zitieren in der Schule gemacht haben und wie Sie insgesamt damit zurechtkommen." [unbedingtes Verstehen-Wollen]*

Etwas anders würde es sich verhalten, wenn bereits der erste Blick auf das Literaturverzeichnis grobe Mängel hätte erkennen lassen oder aber die Studentin im Lauf der Veranstaltung schon mehrfach mit einfachen Fragen vorstellig geworden wäre. Dann könnte es sinnvoll sein, anders als bisher skizziert auf die aktuelle Frage zu reagieren. Dabei begegnet die Dozentin der Frage nach einer Information mit einer Antwort zum Prozess:

*Studentin: „Können Sie mir bitte sagen, ob ich diesen Sammelbandbeitrag im Literaturverzeichnis richtig angegeben habe?“*

*Dozentin nach einem Blick auf das Verzeichnis: „Welche Merkmale eines Sammelbandbeitrags haben Sie denn bei der Quelle erkannt? Mir scheint, dass es sich eher um eine Monografie handelt.“ [Umdefinieren des Problems aufgrund des Wissensvorsprungs der Dozentin]*

oder

*Dozentin: „Wie würden Sie diese Frage denn angehen, wenn Sie mich gerade nicht fragen könnten?“ oder „Woran würde denn ein Experte erkennen, dass die Zitation richtig ist?“ [Aktivieren der Problemlösefähigkeit der Studentin durch angebrachtes Misstrauen in deren bisher gezeigte Lösungsstrategie (beständiges Nachfragen bei der Dozentin)]*

*Vielleicht mutet Sie das seltsam an, mit einer solchen Gegenfrage auf eine Frage zu reagieren, anstatt einfach sachlich zu antworten. Vielleicht ist es Ihnen auch schon passiert, dass Sie in einer ähnlichen Situation unwirsch reagiert haben. Manch eine Lehrperson hätte wohl geantwortet „Das sieht ja aus wie Kraut und Rüben in Ihrem Literaturverzeichnis! Sie sollten erst einmal lernen, wie man die Quellenarten voneinander unterscheidet. Dann können wir weiterreden.“ oder aber „Dauernd fragen Sie mich wegen solcher Kleinigkeiten. Schauen Sie doch mal nach, was im Leitfaden steht oder fragen Ihre Mitstudierenden.“*

Gerade Personen, die ihre professionellen Wurzeln in der sogenannten Wissensberatung haben (und dazu zähle ich Dozierende in einem weiten Begriffsverständnis), fällt es oft schwer, sich zurückzunehmen und nicht gleich ihre fachlich fundierten und durchdachten Lösungen zu präsentieren. Wie Sie an den ersten Beispielen gesehen haben, ist dies auch nicht immer nötig. Denn manchmal sind solche schnellen Lösungen und eindeutigen Auskünfte wirklich hilfreich. Allerdings, und das haben Sie auch gesehen, kann auch eine Prozessberatung angebracht sein und vor allem auf mittlere und lange Sicht mehr bewirken. Letztlich stellt sich in der so genannten Komplementärberatung die Frage nach einem guten Mischungsverhältnis aus Wissens- und Prozessberatung.

Lassen Sie uns also die Prozessberatung und die damit verbundene coachende Haltung näher ansehen. Wahrscheinlich ahnen Sie bereits, dass dafür andere Denkweisen gefragt sind als die bisher dargestellten. Aus der „Hybris des Wissens/des Verstehens usw....“ wird jeweils die „Expertise des...“. Denn die Verkehrung ins Gegenteil, die erst einmal paradox anmutet, hält ein paar Schätze (manche würden „Ressourcen“ dazu sagen) für uns bereit.

1. Die Expertise des Nicht-Wissens
   Was sollten Sie immer tun, wenn Sie etwas nicht wissen, es aber wissen möchten? Viele Fragen stellen natürlich! Die Expertise des Nicht-Wissens ist in einem gewissen Maß eine Expertise im Sich-dumm-Stellen. Sie fragen und fragen und fragen! Dadurch regen Sie die Person, die Sie um einen Rat gebeten hat, zu eigenen Gedanken an. Sie bieten in diesem Moment kein „fertiges“ Wissen, das nur noch konsumiert werden muss, sondern aktivieren die Produktion von neuem Wissen bei Ihrem Gegenüber.
   Wichtig ist dabei, dass Sie wirklich offen fragen und eben keine Pseudo-Fragen verwenden, die einen Druck in Richtung „der einen korrekten Antwort“ erzeugen.

2. Die Expertise des Nicht-Verstehens
   Auch in der Expertise des Nicht-Verstehens dürfen Sie neugierig bleiben und beständig weiterfragen. Sie werden sich wahrscheinlich wundern, wie viele unerwartete Informationen und Einblicke Sie in eine Situation erhalten, von der Sie dachten, sie längst verstanden zu haben. Bei aller Ähnlichkeit der Probleme, mit denen Studierende Sie um Rat fragen, werden Sie viel Neues erfahren. Dazu ist es nötig, beim Zuhören nicht zu früh gedanklich einen Haken an die Sache zu machen und sich zu sagen „Klar, kenne ich!“ oder „Verstehe, das habe ich schon Dutzende Male gehört.“

3. Die Expertise des Eingebundenseins
   Sie kennen das: Nach einem Gespräch im Seminar oder mit einzelnen Studierenden fragen Sie sich – gerade bei Konflikten – mitunter, wieso Sie genau so und nicht anders reagiert haben. Wie hat hier eins zum anderen geführt? Aber auch in konfliktfreien Situationen setzt Kommunikation immer voraus, dass es mehrere Beteiligte gibt, die sich aufeinander beziehen. Alle sind eingebunden in die Situation; übrigens auch jene, die schweigen. Ein Sich-darüber-Stellen des Dozierenden wie in Bezug auf die Hybris der Distanzierung erläutert, ist aus systemischer Sicht nicht plausibel. Sie sind Teil des Ganzen, Sie agieren mit den Studierenden und reagie-

ren auf sie. Dadurch gestalten Sie alle gemeinsam das System. (Gleichwohl ist es möglich, von außen auf dieses System zu schauen, an dem Sie selbst beteiligt sind; es erfordert nur etwas Übung.)

4. Die Expertise des Vertrauens
   Wenn wir systemisch denkend davon ausgehen, dass nur die ratsuchende Person sich selbst und ihre Situation ändern kann, und so mancher konkrete Vorschlag daher ins Leere läuft – sei er auch noch so gut gemeint –, braucht es Hilfe zur Selbsthilfe. Das heißt, dass Sie den Prozess der Beratung steuern, nicht aber Verantwortung für die Lösung übernehmen. Sie vertrauen darauf, dass die Studierenden, angeregt durch Ihre Fragen und Impulse, in der Lage sind, eine für sie individuell passende Lösung zu finden und umzusetzen.

Wir hatten vor ein paar Seiten einen Einblick in die Gedankenwelt eines Dozenten gewagt, dessen Studierende Probleme mit einer von ihm gestellten Schreibaufgabe hatten. Hätte dieser Dozent eine coachende Haltung, würde sich das in etwa so lesen:

> „Ich habe zwar schon viele Texte geschrieben. Dennoch stecke ich nicht in der Haut der Studierenden. Ich möchte gern noch viel mehr über ihre Situation und ihre Erfahrungen wissen, um wirklich mit ihnen nach Lösungsansätzen suchen zu können. Paradox ist ja eigentlich, dass wir gemeinsam ein Problem lösen wollen, das die Studierenden ohne mich nicht hätten. Wir sind alle miteinander verbundene Teile des Hochschulsystems. Bei ihrem Schreibproblem aber haben die Studierenden selbst die Expertise für die Lösung. Ich kann verschiedene Impulse geben und beobachten, ob und wie diese den Studierenden helfen."

Dieser Dozent bietet den Studierenden nicht vorschnell eine Standardlösung an, sondern kann sich vorstellen, ihnen mehrere, verschiedenartige Impulse zu geben, nachdem er versucht hat, die Situation besser zu erfassen. Er nimmt an, dass die Studierenden über Expertise für die Problemlösung verfügen, wenn er sie mit dem Problem nicht alleine lässt. Eingebundenheit zeigt sich, wenn der Dozent reflektiert, wie er, die Studierenden und die Aufgabe zusammenhängen. Es wäre denkbar, dass er irgendwann zu dem Schluss kommt, die Schreibaufgabe anzupassen, damit sie weniger unerwünschte Schwierigkeiten hervorruft.

**Impuls**

Welche der beschriebenen Denkhaltungen dieser Variante des fiktiven Dozenten erkennen Sie bei sich? Mit welcher davon sind Sie glücklich? Welche möchten sie gern öfter einsetzen? Welche können Sie sich noch gar nicht für sich vorstellen?

Die Frage ist letztlich, wie Sie mit den Denkhaltungen jonglieren – nicht im Sinne eines strikten „Entweder oder", sondern eines situationsangepassten „Sowohl als auch".

> **!**
>
> **Wichtig**
>
> Es kann nicht oft genug gesagt werden: Die coachende Haltung ersetzt niemals die bisherige Haltung. Sie kommt hinzu und erweitert Ihren Handlungsspielraum.

Ich halte das für einen sehr wichtigen Gedanken: Niemand verlangt von Ihnen, Ihre bisherige Haltung abzulegen und sie durch eine neue zu ersetzen. Sie kennen das vielleicht, wenn Sie eine (schlechte) Hochschuldidaktik-Fortbildung besucht haben und die bisherigen Vorgehensweisen geradezu verteufelt werden und neue Methoden oder Formate für die Lehre als das Nonplusultra gelten – bis die nächsten kommen. Das meine ich nicht. Ich stelle mir das in Bezug auf die coachende Haltung eher vor wie einen neuen Raum, der hinzukommt. Der alte Raum bleibt aber natürlich bestehen. Letztlich stellen sich nur zwei Fragen: Erstens, in welchem Raum halten Sie sich öfter auf? (Das kann sich im Lauf der Zeit ändern). Und zweitens, wie gelingt es Ihnen, die Widersprüche zu integrieren, die bei so einer Veränderung selten ausbleiben?

## Ungünstige Denkmuster ändern

Bei vielen Menschen läuft das Denken und vor allem die Bewertung von Situationen oft nach einem ähnlichen Schema ab, ohne dass sie sich dessen bewusst wären. In der Psychologie spricht man dann, insbesondere wenn schädliche Denkmuster gemeint sind, von kognitiven Verzerrungen oder dysfunktionalen Kognitionen. Aus dem Vokabular des Neuro-Linguistischen Programmierens und mittlerweile auch aus der Alltagssprache ist vielen für ein ähnliches Phänomen auch der Begriff des „Glaubenssatzes" geläufig. Dabei handelt es sich um Annahmen, derer man sich nicht gewahr ist und die sich oft seit der Kindheit durch das eigene Leben ziehen. Sie sind tief verankert und beeinflussen das tägliche Handeln. In einer konkreten Situation sagt jemand dann, dass er „nicht anders kann" oder „halt einfach so ist", ohne das zu hinterfragen.

Allgemeine Beispiele, die sich vorrangig auf die eigene Person beziehen, wären etwa „Ich muss schnell sein", oder: „Ich muss es allen recht machen." Ersteres führt voraussichtlich dazu, dass die betreffende Person sich wenig Zeit bei der Bearbeitung von Aufgaben lässt und Fehler in Kauf nimmt. Letzteres zieht ein eher angepasstes, unauffälliges Verhalten nach sich, da dieser Mensch seine persönlichen Ansichten hintanstellt oder vielleicht sogar nicht einmal kennt, weil er antizipiert, was andere von ihm erwarten.

Im Lehrkontext begegnen einem eher Gedanken wie: „Ich muss alles auf diesem Gebiet wissen“, oder: „Ich muss in der Lehre die perfekte Show bieten.“ Solche Gedanken ziehen natürlich bestimmte Auswirkungen nach sich. Im Fall von „Ich muss alles auf diesem Gebiet wissen“, wird sich wahrscheinlich jede einzelne Lehrveranstaltung wie eine Prüfung anfühlen, bei der man jederzeit Angst haben muss, „enttarnt“ zu werden. Jedes Mal, wenn sich Studierende zu Wort melden, könnte eine Frage auftauchen, deren Antwort man nicht aus dem Stegreif weiß. Ob da Freude in der Lehre aufkommt? Ich wage es zu bezweifeln. Wer denkt, in der Lehre eine perfekte Show bieten zu müssen, wird versuchen ein inhaltliches und didaktisches Feuerwerk zu zünden. Das kostet in der Vorbereitung mehr Zeit als sowieso schon, was auf Dauer nicht zu leisten ist. Keine gute Voraussetzung für Freude, wenn Sie mich fragen.

Manchmal hegen wir auch Annahmen über andere. An Hochschulen treffen Lehrende naturgemäß so einige Annahmen über ihre Studierenden – basierend auf jahre- oder mitunter sogar jahrzehntelanger Erfahrung sowie auf dem Austausch mit anderen Lehrenden. Da fallen dann Sätze wie: „In der Masse steckt kaum Klasse“, „Aus einem Ackergaul kann ich kein Rennpferd machen“ oder: „Die heutigen Studierenden wollen sich nicht anstrengen.“ Auch das hat Folgen. Die Studierenden werden merken, dass Sie ihnen nichts zutrauen und eigentlich auch keine Lust haben, sich mit ihnen zu befassen.

Ein erster Schritt, um solche Gedanken zu hinterfragen, ist ein Blick auf etwaige Ausnahmen. Sind wirklich *alle* Studierenden *immer* so? Fällt Ihnen wirklich gar niemand auf, der sich anstrengt, sich vorbereitet und in der Veranstaltung mitarbeitet? Wenn Sie solche Überlegungen anstellen, lassen sich diese als Ausgangspunkt für weitere Gedanken nutzen: Was war anders an den Seminarterminen mit regerer Beteiligung? Bei welcher Aufgabenstellung haben die Studierenden sich mehr ins Zeug gelegt als üblich?

Eine ausführliche Methode, um ungünstige Denkmuster einer Prüfung zu unterziehen, ist die ABC-Kette nach Albert Ellis. Der Name leitet sich aus den Anfangsbuchstaben der folgenden englischsprachigen Bezeichnungen ab: A für „activating event“, B für „beliefs“ und C für „consequences“. Sollen die Denkmuster auch geändert werden, schließen sich noch D für „disputation“ und E für „effect“ an. Abbildung 7 zeigt die Schritte in der Übersicht.

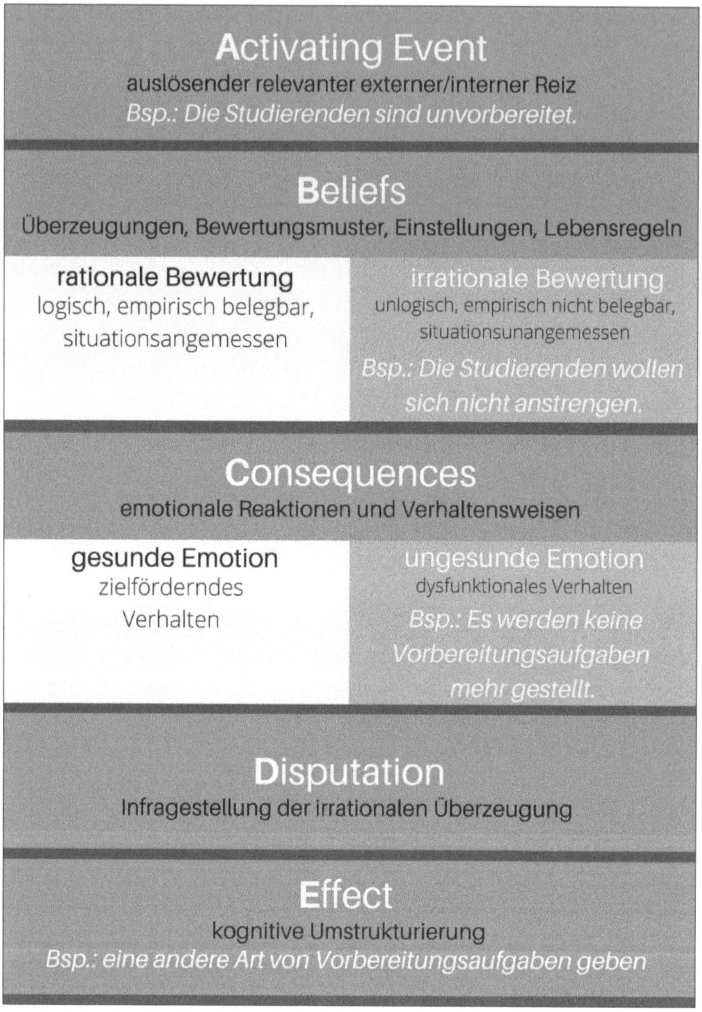


**Abbildung 7: ABCDE-Schema zum Prüfen und Verändern von Denkmustern (eigene Darstellung)**

Als Beispiel greife ich den Satz mit den Studierenden, die sich nicht anstrengen möchten, von oben wieder auf. Bitte beachten Sie: Es geht bei dieser Methode nicht darum, die Verhaltensweisen von anderen Personen zu ändern. Es geht einzig und allein darum, die eigene Sichtweise zu prüfen und vielleicht im Anschluss daran anzupassen. Dies wiederum könnte – irgendwann und mit viel Zeitversatz – dann dazu führen, dass sich die betreffenden Personen anders verhalten. Es ist aber nicht das Ziel der Methode und lässt sich keineswegs einkalkulieren.

Stellen Sie sich vor, Sie kommen aus einem Seminar, das nach Ihrem Dafürhalten äußerst unerfreulich verlaufen ist. Zäh war es. Sie denken: „Schon wieder hat sich niemand aus dem Kurs auf unsere Seminarsitzung vorbereitet. Die heutigen Studierenden wollen sich einfach nicht anstrengen. Das ärgert mich und zieht mich runter. Ich erteile schon gar keine umfassenden und schwierigen Arbeitsaufträge mehr."

Das A („activating event"/Auslöser) der ABC-Kette war die folgende Situation und Ihre Gedanken dazu: „Wir starteten in die Seminarsitzung und bereits nach wenigen Minuten bemerkte ich, dass sich wieder einmal niemand vorbereitet hatte. Und das, obwohl alle Materialien zur Verfügung standen, und obwohl ich auf die Bedeutung der Vorbereitung noch einmal gesondert hingewiesen hatte."

Das nächste Glied Ihrer Kette, ist das B („belief"/Bewertung): „Die Studierenden wollen sich einfach nicht anstrengen." Vielleicht dachten Sie außerdem noch: „Die Studierenden sind wirklich faul", oder „Sie lassen sich von unwichtigen Dingen ablenken", oder: „Sie organisieren sich schlecht usw." Letztlich läuft es aber darauf hinaus, dass Sie ein sehr geringes Ausmaß an Anstrengung wahrnehmen, das Ihre Erwartungen nicht erfüllt.

Diese Bewertung der Situation ist in dem Sinn irrational, dass Sie Ihre Vermutungen noch nicht überprüft haben und diese sich zum Teil gar nicht ohne Weiteres überprüfen lassen. Wie wollen Sie etwa abschließend beurteilen, ob die Studierenden sich ablenken lassen oder sich schlecht organisieren, ohne mit ihnen darüber gesprochen zu haben? Rationalere Bewertungen könnten lauten: „Es ist gerade Klausurwoche", oder „Aufgrund eines Systemfehlers hat niemand meine Mails erhalten, in denen ich die Materialien zur Vorbereitung angekündigt habe." Solche rationalen Erklärungen sind oft ausgesprochen einfach. Allerdings kann der Blick dafür von der irrationalen Bewertung verstellt sein, sodass man sich gar nicht erst mit diesen Möglichkeiten befasst. Auch abseits der Sachebene sind möglicherweise plausible Erklärungen für die zögerliche Beteiligung der Studierenden zu finden. Diese müssen nicht unbedingt etwas mit einer mangelnden Vorbereitung zu tun haben, sondern können auch auf das Gruppenklima zurückzuführen sein. Vielleicht traut sich einfach niemand, die Diskussion zu eröffnen oder überhaupt etwas beizutragen, weil Sie die Person in der Vergangenheit dann „nicht mehr aus der Mangel gelassen" haben und in eine Endlosdebatte verstrickt haben?

Das C der ABC-Kette, die „consequences", basieren auf A und B und sind Ihre persönliche Schlussfolgerung. Im Beispiel sind sie dysfunktional, denn Sie sagen sich: „Ich stelle gar keine Vorbereitungsaufgaben mehr!", obwohl Sie wissen, dass mittelfristig die Qualität des Seminars darunter leiden wird.

Zielführender wären da wohl die Schritte D und E:

Das D meint „disputation" und somit das Infragestellen der irrationalen Bewertung. Sobald Sie diese hinterfragen, wackelt Ihr gesamtes Gedankengerüst. Wenn Sie also denken, dass die Studierenden sich einfach nicht anstrengen wollen, könnten Sie sich die oben ausgeführten Fragen stellen und überlegen: Sind wirklich alle Studierenden so? Sind sie immer so? Welche Ausnahmen habe ich kennengelernt? Was war da anders und könnte zu einer höheren Beteiligung geführt haben? In Kapitel 4 lernen Sie auch systemische Fragen kennen. Diese wirken am besten im Gespräch mit einer zweiten Person. Diese könnte Sie zum Beispiel fragen: „Was glaubst Du, wie wirkt es auf die Studierenden, wenn Du sie insgeheim für faul hältst?", oder: „Mal angenommen, die Studierenden hätten sich vorbereitet und würden sich trotzdem während des Seminars nicht beteiligen. Wie würdest Du Dich dann verhalten?" Hilfreich wäre es dann, wenn die zweite Person nachhakt und Ihnen Anschlussfragen stellt.

Letztlich könnte dieses Vorgehen das E, den „effect", positiv beeinflussen, beispielweise wie folgt: „Ich gebe weiterhin Vorbereitungsaufgaben, bespreche sie jedoch vorab kurz mit den Studierenden, um herauszufinden, was ich realistischerweise erwarten kann." Oder aber Sie kommen zu dem Schluss, dass Sie weiterhin Vorbereitungsaufgaben verwenden, diese jedoch inhaltlich anders gestalten bzw. den Studierenden die Wahl zwischen verschiedenen Arten der Vorbereitung lassen. Möglicherweise gehen Sie auch zu einer anderen Art der Weiterarbeit mit den vorbereiteten Inhalten über.

**Impuls**

Um das Gelesene anzuwenden, möchten Sie vielleicht einmal überlegen, was Sie mit einer Kollegin besprechen würden, die den folgenden Satz äußert: „Ich erreiche die Studierenden nicht, das ist ja auch einfach eine andere Generation."

Wie könnten Sie mit ihr sprechen, ohne ihren Satz zu werten? Und vor allem: Was könnten Sie *fragen*, um ihre Annahme zu hinterfragen?

Wenn Ihnen diese Reflexion allein schwerfällt, suchen Sie sich doch Verbündete. Dr. Christiane Henkel, Professorin für Pädagogik an der Theologischen Hochschule Ewersbach und Schreibpädagogin, sagt dazu:

» **Christiane Henkel:** Austausch, Räume, geschützte Austauschräume für Lehrende untereinander finde ich auch wichtig, um die Freude zu erhalten. Und dazu gehört schon auch mal ein Gespräch über schwierige Lehrsituationen und auch über Studierende, die mir Schwierigkeiten bereiten. Aber genauso auch so ein Punkt wie gute Nachrichten. Also, warum nicht auch mal einführen zu sagen „Heute machen wir eine Runde: was war meine schönste Lehrerfahrung in dieser Woche?" Also, dass auch das Reden über Lehre gepflegt wird. «

Hier braucht es eine Person, die diesen Schritt macht und so etwas initiiert. Seien Sie doch diese Person!

# Zehn Thesen in Doppeldecker-Form

Das Prinzip des pädagogischen Doppeldeckers von Karlheinz A. Geißler (1985) wurde von Diethelm Wahl in den 2000er Jahren wieder aufgegriffen.[1] Es besagt, dass Lernende, die später selbst lehren werden und dabei bestimmte Methoden einsetzen möchten (z. B. Studierende für das Lehramt), genau mit jenen Methoden unterrichtet werden sollen. Sie erleben also die Methode am eigenen Leib und erfahren in der Praxis, wie sie mit selbst damit lernen. So entstehen innere Bilder, die Methoden werden anschaulich, und zudem kann ein Lernen am Modell stattfinden, weil die Lehrperson die Methode vorlebt.

Im Zusammenhang mit Freude in der Lehre möchte ich den „Doppeldecker" gern auf Haltungsfragen ausweiten und in freier Interpretation auf die bisher geschilderten Inhalte und Ansätze anwenden. Es handelt sich, wie oben bereits erwähnt, um günstige Umstände für das Lehren in der coachenden Haltung bzw. das Lehren mit Freude. Keinesfalls möchte ich die in den Thesen formulierten Bedingungen als zwingende Voraussetzungen dafür verstanden wissen. Gleichzeitig bin ich davon überzeugt, dass die Thesen helfen und das Potenzial haben, Ihnen das Leben leichter zu machen. Vielleicht möchten Sie ja einmal für sich prüfen, ob Sie eine oder mehrere Thesen in persönliche Entwicklungsziele umformulieren wollen.

## *These 1: Wenn ich selbst Freude verspüre, fällt es mir leicht, Freude zu versprühen.*

Um bei den Studierenden Freude für ihr Studium und dessen Inhalte stimulieren zu können, ist es hilfreich, wenn ich selbst Freude empfinde an den Inhalten, die ich lehre, und auch am Lehren selbst: "It seems obvious that when one teaches well, one enjoys it, but perhaps the reverse is actually more accurate: that when one enjoys teaching, one does it well." (Berg & Seeber, 2016, S. 34) Wenn ich gleichgültig bin und entsprechend gelangweilt wirke, wird der Funke nicht überspringen und das Studium wird für alle Beteiligten eine freudlose Angelegenheit.

---

1 Meine Bekanntschaft mit dem Doppeldecker verdanke ich Prof. Dr. Monika Zimmermann, die mich erstmals auf dieses Konzept aufmerksam machte.

### *These 2: Wenn ich selbst offen für Neues bin, kann ich auch andere für Neues öffnen.*

Um Studierende oder auch Kolleg:innen dazu zu bringen, neue Wege auszuprobieren, sollte ich selbst die Erfahrung gemacht haben, wie sich das Gehen neuer Wege auf mich und mein Umfeld auswirkt. Besser noch: Ich suche immer wieder und gezielt das Neue und Unbekannte.[2]

### *These 3: Wenn ich offen für meine eigene Entwicklung bin, kann ich anderen besser beim Lernen und bei ihrer Entwicklung helfen.*

Wer glaubt, dass er oder sie nichts mehr lernen muss oder dass die eigene Entwicklung abgeschlossen ist, wird andere nicht inspirieren. Wer sich als statisch begreift, wird auch bei anderen nur begrenzt Dynamik auslösen.

Hierzu passt der folgende Ausschnitt aus dem Interview mit von Prof. Dr. Jana Grothe, Wissenschaftliche Leitung der Studiengänge im Bereich Sozialpädagogik (iba), hervorragend:

> **Andrea Klein:** Nochmal pointiert zum Schluss: Wer oder was sollte sich ändern, damit Freude in der Lehre vorkommen kann?
>
> **Jana Grothe:** Das ist eine klassische, coole Coaching-Frage, um die Dinge noch einmal auf den Punkt zu bringen. Der Dozierende darf – *darf*, nicht muss, sondern *darf* – wohlwollend auch auf sich schauen. […] Wir sind, auch wenn wir viele Erfahrungen schon mitbringen, wenn wir unsere vier Buchstaben tragen, noch nicht fertig. Auch Professoren dürfen sich weiterentwickeln. Und ich glaube, dass diese Weiterentwicklung, verbunden mit einer gewissen Haltung, eine Kombination zur Fachlichkeit notwendig macht, um freudvoll in der Lehre auch mit den Studierenden zusammen agieren zu können. Das finde ich enorm wichtig. Und die Haltung umfasst auch, dass man nie fertig ist mit Weiterentwicklung. Ich erlebe es manchmal im Alltag nun mal so, dass, wenn man Feedback gibt – auch den Professoren –, dass da schnell so ein Angriffspunkt ist im Sinne von: Ich bin so gut, wie ich bin, und ich brauch mich nicht mehr weiterentwickeln. Doch! Meine Haltung ist: Wir dürfen uns alle weiterentwi-

2 Ausführlicher habe ich das in meinem Artikel „Ein kleiner Schritt: Vorangehen zahlt sich doppelt aus" in der Exposé, der Zeitschrift für wissenschaftliches Schreiben und Publizieren, formuliert (Klein, 2021).

ckeln! Weil wir alle nicht perfekt sind und alle nicht perfekt sein müssen. Und das wünsche ich mir einfach für die Zukunft von allen Lehrenden dieser Welt, dass da so eine Offenheit für Weiterentwicklung ist hinsichtlich dessen, was ich als Mensch mitbringe, als Fachexperte mitbringe, als Führungskraft einer Dozierendengruppe mitbringe. Dass da immer Weiterentwicklungspotenziale existieren. Das wünsche ich mir.

### *These 4: Wenn ich mir selbst Freiräume schaffe und meine Kraft spüre, kann ich anderen besser dabei helfen, ihre Kräfte durch Freiräume zu aktivieren.*

Wenn ich darauf warte, dass mir jemand Freiraum gibt („zuteilt"), bin ich zur Passivität verdonnert und warte unter Umständen lange. Nur wenn ich aktiv die (vermeintlichen) Grenzen auslote und sie ggf. überschreite, kann ich spüren, wozu ich imstande bin und was dies wiederum für mein Umfeld bedeutet. Meine Selbstwirksamkeit zeigt sich.

Diese Gedanken werden im folgenden Interviewausschnitt deutlich, der aus dem Interview mit der Anglistin Katharina Pietsch stammt:

> **Katharina Pietsch:** Ich glaube, dass es auch total wichtig ist, sich noch viel mehr zu vernetzen, weil es an der Uni eigentlich immer Leute gibt, die mal was anders gemacht und mal was ausprobiert haben. Man findet diese Leute, wenn man danach sucht, oder wenn man das Glück hat, dass es an der eigenen Uni Formate gibt, wo so ein Austausch möglich ist. Dann findet man Leute, wo man sich so ein bisschen gegenseitig helfen kann und wo man sagen kann: „Hier, ich habe das ausprobiert und ich bin eigentlich von der Idee überzeugt, aber so richtig in der Praxis hat es noch nicht funktioniert. Lass uns mal zusammen überlegen, was waren vielleicht deine Erfahrungen, von denen ich profitieren kann. Wo hast du schon mal Handlungsspielräume ausgenutzt, wo mir gar nicht klar ist, dass das überhaupt Spielräume sind?" […]

Im Prinzip ist das eine Form von vorauseilendem Gehorsam, diese selbstgemachten Zwänge, die einen sagen lassen: „Das muss so laufen, und ich muss das so machen, und Tests müssen eben so und so designt sein, und ich muss dann eben da durch, dass mich das frustriert, oder ich kann das und das nicht tun." Da im Prinzip einen Realitycheck zu machen mit diesen selbstgemachten Zwängen und zu sagen, was sind Sachen, die wirklich z. B. aus legalen Gründen sein müssen, weil das irgendwo prüfungsrechtlich festgeschrieben ist, und wo sind selbst da vielleicht noch Spielräume, die möglich sind. Manchmal reicht es da schon, einen einzigen Begriff zu ändern.

Ein Beispiel wäre: Wie kann man bei einem studentischen Text eine Überarbeitung möglich machen? Das ist total nützlich, wenn Studierende ihre Texte noch mal bearbeiten dürfen, bevor sie benotet werden. Das ändert schon ganz viel. Es erlaubt ihnen, glaube ich, viel mehr darüber zu lernen, wie sie gute Texte schreiben, weil sie die Möglichkeit haben, noch mal auf Feedback zu reagieren. Es vermindert auch den Frust über eine Note, die man sich nicht gewünscht hat und der man ja normalerweise ausgeliefert ist, weil man nichts mehr dran ändern kann, wenn man diese bekommt. Aber ich spreche dann eben nicht von einer „final abgegebenen Arbeit“, sondern ich nenne das eben „Feedback auf einen Entwurf“. Und schon habe ich auf einmal einen Spielraum, den ich vorher vielleicht nicht hatte, weil ich vorher gedacht habe oder weil mir vielleicht sogar die Rechtsabteilung gesagt hat, das geht nicht. Also, mehr nach solchen Spielräumen suchen, ist, glaube ich, wirklich was, was sich total lohnt.

### *These 5: Wenn ich mir selbst erlaube, nicht alles zu wissen, kann ich anderen eher zugestehen, dass sie nichts wissen.*

Wie wäre der folgende Gedanke? Meine Expertise beruht nicht nur auf Fachwissen, sondern auch auf Prozesswissen. Das bedeutet: Ein Teil meiner Expertise gründet darauf, dass ich Lernprozesse gestalten und eine Gruppe führen kann. Durch meine Impulse rege ich Veränderungen an.

Zwar kann ich Lücken im Fachwissen nicht immer durch Prozesswissen kompensieren – vielleicht ist dies in dem Moment auch gar nicht mehr nötig, in dem ich erkenne, dass niemand alles weiß und dass die Wissensbestände mehrerer Personen sich kombinieren lassen. Auch die von Lehrenden und Studierenden.

### *These 6: Wenn ich mir mein eigenes Nicht-Verstehen bewusst mache, kann ich auch anderen einräumen, dass sie nichts verstehen.*

Alle konstruieren ihre eigene Weltsicht. Beim Kennenlernen neuer Inhalte und Vorgehensweisen, wie das bei einem Studium der Fall ist, tauchen mitunter viele offene

Punkte auf, die erst individuell verhandelt und geklärt werden wollen, bevor die einzelne Person sie integrieren kann. Nur weil eine Person diesen Prozess für sich schon abgeschlossen hat (z. B. die Lehrperson), bedeutet das nicht, dass andere Personen (z. B. die Studierenden) dies genauso schnell tun können. Es ist unter Umständen sogar vorteilhaft, noch ein wenig in der Haltung des Nicht-Verstehens zu verharren.

### *These 7: Wenn ich mich selbst eingebunden fühle, kann ich anderen das Gefühl von Eingebundenheit ermöglichen.*

Beim Denken in Kategorien von „wir“ und „die“ (wir Lehrende und die Studierenden) geht der Blick für das Ganze, also für das System Hochschule verloren. Wer nur auf sich und seine eigene Gruppe schaut, neigt oft dazu, Oppositionen aufzubauen, „wir Lehrende gegen die Studierenden“ oder auch „ich gegen das System“. Dabei ist es ja gerade das Wesen des Systems, dass wechselseitige Abhängigkeiten existieren. Wem es möglich ist, diese Eingebundenheit wahrzunehmen, wird auch den Studierenden erlebbar machen können, dass sie ebenfalls in das System eingebunden sind und es durch ihr Handeln im Guten wie im Schlechten beeinflussen.

### *These 8: Wenn ich anderen etwas zutraue, trauen sie sich eher etwas.*

Wenn ich anderen etwas zutraue und ihnen somit einen Vertrauensvorschuss gebe, werde ich beobachten dürfen, wie sie ihren Raum nutzen und ihn gestalten. Das Menschenbild provoziert Ergebnisse.

### *These 9: Wenn ich mir meiner eigenen ungünstigen Denkmuster bewusst werde und sie ändere, kann ich anderen helfen, ihre ungünstigen Denkmuster zu ändern.*

Erst wenn ich erkannt habe, dass bestimmte Denkmuster bei genauerem Hinsehen nicht haltbar sind, und wenn ich weiß, wie ich sie ändern kann, werde ich auch anderen Personen beim Anpassen ihrer Denkmuster behilflich sein können.

### *These 10: Wenn ich mir selbst ein Coach bin, kann ich auch anderen gegenüber eine coachende Haltung an den Tag legen.*

Zunächst sollte ich im Sinne eines Selbstcoachings an mir und meiner Entwicklung arbeiten. Dabei sollte ich auch mit mir selbst so wertschätzend und nachsichtig umgehen wie mit meinem späteren Gegenüber.

Zwischenfazit:

Um eine neue Haltung einzunehmen, müssen Sie lernen – und zwar dazulernen, nicht umlernen. Für dieses Lernen benötigen Sie, wie die Studierenden für ihr Lernen auch, drei Elemente: Raum, Zeit und Ruhe.

- Auch hier wird Raum wird in zweierlei Hinsicht benötigt: Zum einem als physischer Raum, in dem Platz zur Entfaltung ist und in dem Sie sich so bewegen können, dass Sie spontane Ideen umsetzen können; zum anderen im Sinn eines gedanklich einzunehmenden Raums, in dem Sie sich bewusst anders erleben als bisher und sich eine neue Position suchen. Warten Sie nicht, bis andere Ihnen die Möglichkeit zum Lernen und zur persönlichen Entwicklung „einräumen". Schaffen Sie sich Räume!
- Zeit braucht es, um Neues zu so verankern, dass es auch wirklich präsent ist und gelebt werden kann. Gerade im Hinblick auf die eigene Haltung und den Aufbau einer neuen (coachenden) Haltung dürfen Sie sich Zeit zugestehen.
- Ruhe in Form eines „freien Kopfs" und im Sinn von psychologischer Sicherheit lässt Sie gelassen bleiben, wenn einmal ein Fehler passiert oder etwas nicht sofort funktioniert.

# 4. Die coachende Haltung in der Lehre

Das folgende Kapitel zur coachenden Haltung in der Lehre stellt den Kern des Buches dar. Ohne die Lektüre der vorhergehenden Kapitel wird sich Ihnen der Sinn jedoch nicht in vollem Umfang erschließen. Hier geht es um grundlegende Fähigkeiten, die Sie auch ohne abgeschlossen Coaching-Ausbildung einsetzen können. Noch nicht einmal ausgewiesene Coaching-Methoden benötigen Sie dafür.

Die Anwendung von Coaching-Methoden oder -Tools ohne eine entsprechende coachende Haltung, die das Vorgehen trägt, wird das Potenzial der Tools niemals ausschöpfen können. Zudem werden dadurch möglicherweise dabei die Tools regelrecht verbrannt – aus der Sicht der gecoachten Person „taugen sie nichts", „haben nicht funktioniert" oder „sind wieder so ein Psychoquatsch". Es ist fraglich, dass die gleiche Person sich erneut auf die Arbeit mit den verwendeten Coaching-Tools einlässt.

Welches diese grundlegenden Fähigkeiten sind, die Sie unabhängig von konkreten Tools einsetzen können, wird Sie wahrscheinlich überraschen. Es handelt sich um

- Zuhören,
- Fragen stellen,
- den nächsten nötigen Schritt erkennen und
- Impulse setzen.

Erscheinen Ihnen diese Fähigkeiten fast schon zu simpel? Sind Sie geneigt, die nächsten Seiten zu überblättern, weil Sie denken „Das kann ich doch schon!"? Gerade das Zuhören und das Fragenstellen, kommen recht unscheinbar daher. Aber täuschen Sie sich nicht, da steckt mehr drin! Ich lade Sie (natürlich) ein, die entsprechenden Abschnitte dennoch zu lesen. Sie werden Neues entdecken und vieles finden, das Sie direkt und unkompliziert ausprobieren können – sei es in Ihren Lehrveranstaltungen (also mit Gruppen) und bei der Betreuung und Beratung von Studierenden im 1:1-Setting.

In den Interviews wurde ich übrigens in dieser Ansicht bestätigt. Kaum jemand hat konkrete Coaching-Tools genannt, die er oder sie in Lehre oder Beratung anwendet. Vielmehr ging es um die Haltung, das Menschenbild und das Verständnis von Lehre, was dann jeweils veränderte Techniken in der Kommunikation nach sich zog – also vor allem anders zuhören und andere Fragen stellen. Einige berichteten auch, dass sie sich durch eine Coaching-Ausbildung in ihren Herangehensweisen, die sie intuitiv schon früher eingesetzt hatten und mit denen sie im klassischen Lehrbetrieb aus dem Rahmen fielen, bestätigt fühlten. Sie trauten sich daraufhin vermehrt, diese weiterhin zu verwenden und auszubauen.

## a. Zuhören

In diesem Kapitel erfahren Sie, wieso Zuhören so wichtig und gleichzeitig gerade für Lehrende so schwierig ist. Sie lesen außerdem, wie das Nachrichtenquadrat von Schulz von Thun Sie vor voreiligen Schlüssen bewahren kann.

Über das Zuhören gibt es viele kluge Sprüche. Zwei davon möchte ich diesem Kapitel voranstellen, um den Weg anzudeuten, den ich mit Ihnen gehen möchte. Da ist zum einen Marie von Ebner-Eschenbach „Solange man selbst redet, erfährt man nichts." Und zum anderen Robert Frost: „Bildung ist die Fähigkeit, fast alles anhören zu können, ohne die Ruhe zu verlieren oder das Selbstvertrauen."

Beobachten Sie sich einmal selbst, wenn Sie jemandem zuhören. Wie oft kommt es da vor, dass Sie nur auf den Moment warten, in dem Sie selbst wieder am Zuge sind und Ihre Antwort loswerden können? Das ist menschlich, denn wir alle wollen wohl gern auch einmal „dran sein" oder etwas beitragen. Das bringt allerdings ein großes Problem mit sich: Wir schalten innerlich ab, wenn wir im Geiste schon unsere Antwort vorformulieren. Wir sind dadurch nicht mehr ganz bei der Sache – bzw. wir sind bei der Sache, von der wir glauben, dass unser Gegenüber darüber spricht. Vielleicht spricht er mittlerweile aber über etwas anderes oder hat einen relevanten Aspekt hinzugefügt. Das wiederum bekommen wir nicht mit, wenn wir nicht mehr aufnahmefähig sind, weil unsere Gedanken schon um die Antwort kreisen. Wir sind heiß darauf, eine Lösung zu präsentieren, obwohl sich durch die weiteren Ausführungen das Problem womöglich geändert hat!

Lehrende erscheinen mir besonders anfällig für dieses Phänomen. Sie wissen ja so viel und möchten das so gern vermitteln. Zudem haben sie viele Fragen schon etliche Male gehört und sind sich sicher, dass es sich auch dieses Mal um genau diese Frage handeln wird. Wozu also noch zu Ende zuhören? Das kann man doch abkürzen.

Unbestritten sind Erfahrungen und darauf aufbauend auch Heuristiken beim Denken und bei der Urteilsfindung oft hilfreich. Ebenso kann das Denken in Stereotypen die Gedankenarbeit abkürzen, weil wir eben nicht jedes Mal wieder bei null anfangen, sondern auf das zurückgreifen, was wir schon erfahren haben und was sich Dutzende Male bestätigt hat. Dennoch lohnt es sich meist, nach Ausnahmen zu suchen und vom Schubladendenken bewusst abzurücken. Das kostet Sie meist weniger Zeit als die sich ansonsten im Kreis drehende Diskussion oder aber als die Mehrarbeit, die unaufgeklärte Missverständnisse mit sich bringen.

Ein Beispiel vom Ende einer Seminarsitzung:

Dialog 1

*Student: Wie viele Quellen sollen wir denn in der Hausarbeit verwenden?*

*Dozent: (genervt): Seien Sie doch nicht so faul, da gibt es keine Untergrenze!*

Dialog 2

*Student: Wie viele Quellen sollen wir denn in der Hausarbeit verwenden?*

*Dozent: (sachlich): Sehen Sie, da gibt es keine Untergrenze, das hängt von Ihrer Fragestellung und auch ein wenig von Ihrem Anspruch an sich selbst ab.*

Dialog 3

*Student: Wie viele Quellen sollen wir denn in der Hausarbeit verwenden?*

*Dozent: Wieso fragen Sie?*

Was meinen Sie: Wie entwickelt sich die Situation bzw. der weitere Dialog abhängig von der ersten Reaktion des Dozenten?

In Dialog 1 wird dem Studierenden unterstellt, er stelle diese Frage aus Faulheit. Entsprechend fällt die Antwort des Dozenten aus. Es ist anzunehmen, dass sich der Fragesteller daraufhin zurückzieht und nicht weiter nachfragt. Die Hausarbeit schreibt er auf der Basis einer großen Anzahl von Quellen, wobei nicht auszuschließen ist, dass einige inhaltlich nicht zwingend nötige Zitate angebracht werden und damit das Literaturverzeichnis um ein paar „Schmuckquellen" erweitert wird.

Der Dozent in Dialog 2 gibt eine sachliche Antwort, ohne jedoch eine konkrete Quellenanzahl zu nennen. Vielmehr nennt er Faktoren, von denen seine Antwort abhängt, und eröffnet somit die Möglichkeit zu einem Gespräch. Der Fragesteller kann nun detailliert nachfragen, ohne „anzuecken" oder Nachteile befürchten zu müssen. Er kann sich allerdings auch mit dieser ersten Antwort zufriedengeben. Dies wäre ein völlig legitimes Verhalten.

In Dialog 3 hingegen antwortet der Dozent mit einer Rückfrage auf die ursprüngliche Frage des Studenten, sodass Schweigen keine Option ist. Der Student muss sich äußern, um überhaupt eine Antwort zu erhalten. Antwortet er nicht oder nur ausweichend, erfährt er nichts.

Die einfache (und oft gestellte) Frage nach der Zahl der zu verwendenden Quellen kann mehrere Hintergründe haben. Mit der simplen Rückfrage „Wieso fragen Sie?"

nähert sich der Dozent einer etwaigen Frage hinter der Frage an und erhält vielleicht eine der folgenden Informationen und Einblicke in die Gedankenwelt des Studenten:

1. Prof. Seligdorf aus dem Vorsemester verlangte mindestens X Quellen, sonst war man durchgefallen, egal wie gut die Arbeit war.
2. Prof. Habermus deutete einmal an, dass in Arbeiten späterer Semester tendenziell mehr Quellen verwendet werden sollen.
3. Zu dem anvisierten Thema des Studierenden existieren keine aktuellen und/oder hochwertigen Quellen, wie er bei einer ersten Recherche feststellte. Er fragt sich deshalb, ob er das Thema trotzdem bearbeiten kann.
4. Jemand hat da mal gehört, dass zu viele Quellen auch wieder nicht gut seien, da ja sonst die Eigenleistung zu gering wäre.
5. Der Student kennt sich mit Literaturrecherche noch nicht gut aus.
6. Der Student hat sehr viele Treffer gefunden und tut sich schwer bei der Auswahl der passenden Quellen.
7. Der Student denkt, er müsse alle Quellen komplett und vor allem gründlich lesen, bevor er sie auswählt und zitiert.
8. Der Student ist tatsächlich faul.

Vielleicht kommen Ihnen noch weitere Möglichkeiten in den Sinn. Sie stimmen mir sicher jedoch auch jetzt schon zu, dass die Antwort des Dozenten jeweils anders ausfallen sollte. Die ersten vier Möglichkeiten verlangen eine Antwort, bei der Sie als Lehrperson Ihre Ansprüche transparent machen und die Studierenden wissen lassen, mit welcher Leistung sie bei Ihnen bestehen werden oder sogar eine sehr gute Note erhalten. Die Möglichkeiten 5, 6 und 7 zeigen ein Kompetenzdefizit. Zu dessen Abbau können Sie eventuell mit ein paar zielführenden Hinweisen beitragen. Möglichkeit 8, der faule Student, erfordert eine ganz andere Herangehensweise. Je nach persönlicher Präferenz werden Sie versuchen, ihn zu motivieren („Na kommen Sie, Ihr Thema ist doch wirklich spannend!"), ihm zu drohen („Mit der Einstellung wird das nichts!") oder ihn seinem Schicksal zu überlassen („Das müssen Sie schon selbst wissen, wieviel Mühe Sie da investieren wollen!").

Es scheint also sinnvoll, nicht vorschnell bereits in Gedanken zu antworten, sondern vielmehr noch – um das Problem der fragenden Person zu erfassen – zunächst gar nicht zu antworten. Mit einer Frage erfährt man mehr, denn Sie wissen ja: Wer selbst redet, erfährt nichts. Um die Art der Fragen, die Sie stellen können, wird es im nächsten Abschnitt detailliert gehen.

In den meisten Fällen werden Sie auf eine Frage eine Antwort der Studierenden erhalten. Diese wird Sie des Öfteren einmal überraschen oder irritieren. Jetzt kommt das Zitat von Robert Frost zum Tragen:

> „Bildung ist die Fähigkeit, fast alles anhören zu können, ohne die Ruhe zu verlieren oder das Selbstvertrauen."

Es mag sein, dass so manche Antwort an vielen Dingen rüttelt: an Ihrem Selbstverständnis als Lehrperson, an Ihrer Meinung/Einschätzung Ihrer Kollegen (von denen Sie gerade Negatives oder Abwegiges erfahren), an dem bis dahin positiven Bild des fragenden Studierenden (der sich nun als doch nicht so kompetent herausstellt). Da Sie zum Zeitpunkt der Frage wahrscheinlich im „Rampenlicht" der Seminarsitzung stehen, empfinden Sie es vermutlich als vorteilhaft, wenn Sie trotz der Überraschung oder Irritation weder Ruhe noch Selbstvertrauen verlieren. Wie geht das also?

Hier hilft uns das Nachrichtenquadrat von Friedemann Schulz von Thun, auch bekannt als Vier-Ohren-Modell oder als die „Vier Seiten einer Nachricht". Sicher ist es Ihnen bereits bekannt. Auf das Wesentliche reduziert besagt es, dass jede Aussage vier Seiten aufweist – die Sachebene, die Selbstkundgabe, den Beziehungsaspekt und den Appell. In der Praxis hören wir allerdings oft nur mit einem dieser Ohren zu und vernachlässigen die anderen drei Seiten einer Nachricht. So ziehen wir oftmals vorschnelle Schlüsse, und die Kommunikation fährt sich fest oder eskaliert sogar.

Ein Beispiel:

*Die Situation: Ein Seminartermin mit einem Dozenten, bei dem diese Studierenden schon im Vorsemester ein Modul belegt hatten, das mit einer Hausarbeit abschloss.*

*Student: Wann bekommen wir denn die Ergebnisse der Hausarbeit? Wir haben die ja schon vor drei Monaten eingereicht.*

*Dozent: Da werden Sie sich noch gedulden müssen. Ich habe noch etliche andere Dinge auf dem Schreibtisch, die vorher dran sind.*

*Student leise und unhörbar für den Dozenten zum Nachbarn: Aber wehe, wenn wir die Abgabefrist um eine Minute verpassen …*

*Dozent: Ich habe Sie nicht verstanden, können Sie das bitte wiederholen?*

*Student: Nein, nein, passt schon. Alles gut.*

*Dozent: Haben Sie ein Problem damit?*

*Student: Nein, nein, ist schon ok.*

*Eisiges Schweigen.*

Wieso hat dieses Gespräch so seltsam geendet? Es begann mit einer – zugegebenermaßen nicht ganz harmlosen – Frage, wie sie wahrscheinlich zu den entsprechenden Zeiten im Semester Dutzende Mal gestellt wird.

Rein auf der Sachebene verstanden, will der Student mit seiner Frage den Zeitpunkt in Erfahrung bringen, zu dem er mit dem Ergebnis der Hausarbeit rechnen darf.

Die Selbstkundgabe könnte sehr verschiedene Formen annehmen: „Ich will jetzt mein Ergebnis wissen; ich bin neugierig." Oder: „Ich brauche mein Ergebnis relativ bald, weil das aufgrund des Themas bei meiner Bewerbung für den Praktikumsplatz helfen würde." Oder: „Ich befürchte, durchgefallen zu sein, und möchte gern Gewissheit, damit ich planen kann." Oder: „Ich möchte bald mit der nächsten Hausarbeit anfangen. Dafür wäre es gut zu wissen, wie diese Arbeit bewertet wurde und was ich besser machen kann." (Eine weitere Möglichkeit könnte sein: „Ich weiß nicht, was Dozierende in der vorlesungsfreien Zeit tun.")

Der naheliegende Appell, der aus diesen möglichen Selbstkundgaben resultiert, lautet: „Laden Sie doch bitte die Ergebnisse möglichst schnell hoch."

Noch fehlt das vierte „Ohr". Was meinen Sie, auf welche Art der Dozent die Frage des Studenten gehört hat, wenn er antwortet, dass er aufgrund anderer, vorrangiger Aufgaben noch länger brauchen wird? Wahrscheinlich hat er direkt den Appell vernommen und rechtfertigt sich nun für den vermeintlich darin enthaltenen Vorwurf „Ich halte Sie für faul." bzw. „Sie sind nach meinem Geschmack zu langsam beim Begutachten."

Der Student wiederum fasst die Antwort des Dozenten als Abwertung auf (weil die Hausarbeit, die er eventuell mit viel Mühe fristgerecht fertiggestellt hat), „noch nicht dran ist" mit der Begutachtung. Er weicht nun in das Gespräch mit seinem Nachbarn aus, weil er es sich mit Dozenten nicht verderben will. Der Dozent fragt, wahrscheinlich schon leicht säuerlich, zurück, ob der Student ein Problem mit seiner Antwort hat. Dieser weicht wiederum aus, was das Gespräch beendet.

Hätte der Dozent beim Anhören der Frage nicht so sehr auf die Beziehungsebene bzw. den Appell fokussiert und der Selbstkundgabe des Studenten mehr Beachtung geschenkt, hätte das Gespräch wahrscheinlich einen anderen Verlauf genommen.

!

**Wichtig**

Legen Sie sich nicht vorschnell und unbewusst auf eines der vier Ohren fest. Nehmen Sie sich bewusst Zeit zum Nachdenken und vor allem zum Nachfragen.

## b. Fragen stellen

Mit Fragen, die die Studierenden zum Denken und zur Reflexion anregen, können Sie viel bewegen. Doch wie sehen solche Fragen aus? Sie lernen verschiedene Arten von Fragen kennen, die sich vielfältig einsetzen lassen. Das Solution Surfing, eine Methode aus dem lösungsorientierten Coaching, kann Ihnen als Instrument für Beratungsgespräche dienen, in denen ein überschaubares, konkretes Anliegen behandelt werden soll, das sich nicht durch eine einfache Auskunft lösen lässt.

Beim Lesen des vorigen Kapitels haben Sie sich mit Ihrer Fähigkeit zum Zuhören beschäftigt und diese anschließend eventuell sogar in der Praxis erprobt. Wenig überraschend wird dies nun von großem Nutzen sein, wenn es um das Stellen von Fragen geht. Denn das Fragen ist natürlich kein Selbstzweck, meist wollen wir damit etwas in Erfahrung bringen. So fragen wir beispielsweise nach einer Information, die uns fehlt. Welche anderen Formen von Fragen außer diesen reinen Informationsfragen Sie mit Gewinn in der Lehre einsetzen können, erfahren Sie in diesem Kapitel. Warum es gut sein kann, auch einmal keine Antwort zu erhalten, wird ebenfalls thematisiert.

Sehen wir uns zunächst einmal die Situationen an, in denen Sie als Lehrperson an einer Hochschule den Studierenden Fragen stellen. Das passiert zum einen in der konkreten Lehrsituation, zum anderen geschieht es in Beratungsgesprächen.

In der Lehre haben wir es immer mit Gruppensituationen zu tun. Sie als Einzelperson stehen einer kleinen, mittleren oder aber auch sehr großen Gruppe gegenüber oder – je nach Lehrverständnis – befinden sich als *primus inter pares* in dieser Gruppe. Der zeitliche Rahmen der Veranstaltung ist so gut wie immer vorgegeben, nur in den seltensten Fällen wie vielleicht bei einem Kolloquium lehren Sie „open end". Es entsteht also ein gewisser Zeitdruck. Diesem versuchen viele Lehrende durch eine möglichst detaillierte Planung der Einheit entgegenzuwirken, weil sie „ja schließlich den Stoff durchbekommen möchten". Raum für (ausführliche) studentische Fragen ist dabei nur in geringem Umfang geboten und viele Lehrende scheuen sich, Fragen an die Studierenden zu richten. Denn es ist zu einem guten Teil unberechenbar, was im Anschluss an eine Frage passiert. Entbrennt eine engagierte Diskussion im Seminar? Tauschen sich die immer gleichen Studierenden aus, während der Rest schweigt und sich freut, dass er passiv bleiben kann? Oder herrscht einfach nur Stille? Selbstverständlich lässt sich dies durch didaktische Kniffe lösen oder zumindest abmildern. Aber Freude bereitet das selten, und allzu oft bleibt das Gefühl zurück, sich durch die Lehre gequält zu haben. Die Unwägbarkeiten, die durch das Stellen von Fragen entstehen, nehmen viele daher nicht gern in Kauf.

In der Beratung im Rahmen einer Sprechstunde führen Sie meist mit einer Person Gespräche, manchmal vielleicht auch mit einer kleineren Gruppe von Studierenden. Häufig existiert ein konkretes Anliegen, das manchmal auch im Vorfeld mitgeteilt wird, so z. B. die Besprechung der Abschlussarbeit. Fragen an die Studierenden haben hier oft den Bearbeitungsstand und die geplanten nächsten Schritte zum Inhalt. In dieser Situation sind es gewöhnlich eher die Studierenden, die mit ihren Fragen auf Sie zukommen als umgekehrt.

Um in einer coachenden Haltung zu lehren und zu beraten, ist es hilfreich, einen genaueren Blick auf die verschiedenen Arten von Fragen zu werfen. So können Sie situativ angemessene und zielführende Fragen stellen. Denn je nach der Formulierung Ihrer Frage bieten Sie der angesprochenen Person verschieden große Antwortspielräume. Und Spielräume wollen Sie ja zulassen, wenn Sie sich in der coachenden Haltung befinden. So ist es möglich, dass sich Festgefahrenes verflüssigt und sich Ihr Gegenüber für neue Denk- und Handlungsweisen öffnet.

## Arten von Fragen

Wahrscheinlich kennen Sie die Unterscheidung zwischen geschlossenen und offenen Fragen. Gelegentlich werden auch Alternativfragen als dritte Form aufgeführt.

Geschlossene Fragen sind solche, die auf eine Ja-/Nein-Antwort abstellen (beispielsweise „Nutzen Sie den APA-Zitierstil"? „Haben Sie mir heute das Buch mitgebracht?", oder „Kennen Sie diese Theorie denn noch nicht?"). Wer so fragt, begnügt sich mit einer kurzen Antwort und möchte oft auch eine Entscheidung herbeiführen. Da die Rollen zwischen fragender und befragter Person klar verteilt sind, entsteht zumeist Druck auf Letztere. Denn sie soll eine kurze und am besten auch schnelle Antwort liefern, der Austausch von weiterführenden Informationen oder gar Sichtweisen ist nicht beabsichtigt.

Bei Alternativfragen stellt man zwei oder mehr Optionen zur Auswahl und suggeriert so gleichzeitig verschiedene „gültige" Antwortmöglichkeiten. Beispielsweise könnten die Fragen hier lauten: „Zitieren Sie nach APA oder MLA?", „Geben Sie mir das Buch heute oder nächste Woche zurück?", oder „Kennen Sie diese Theorie gar nicht oder nur nicht im Detail?" Mit solchen Alternativfragen kann man als fragende Person demnach den Spielraum für die Befragten ausweiten, indem man Möglichkeiten ins Spiel bringt, die diese von sich aus nicht verwendet hätten. Gleichzeitig entsteht unter Umständen eine gewisse Scheu, eine nicht genannte Alternative als Antwort zu geben und somit eigenmächtig den Antwortraum zu erweitern.

Offene Fragen hingegen zielen auf ausführlichere Antworten und somit auf eine verstärkte Informationsgewinnung ab, denn sie laden dazu ein, mehr Informationen preiszugeben. Solche Fragen beginnen mit einem Fragewort (meist W-Fragen), mit dem sich auch die Richtung steuern lässt. Für die Beispiele könnte das vieles bedeuten, etwa „Mit welchem Zitierstil arbeiten Sie üblicherweise?", „Wann geben Sie mir das

Buch zurück?", oder: „Welche Theorien haben Sie denn bisher behandelt?" (statt der besagten).

Nicht alle Fragewörter eignen sich gleichermaßen. Eine besondere Ausnahme stellt das Fragewort „warum" dar. Es klingt schnell anklagend und erinnert an ein Verhör. Die befragte Person sieht sich leicht zur Verteidigung gezwungen und reagiert entweder entsprechend heftig oder aber mit Ausreden. Besser also, Sie verwenden Warum-Fragen nur sehr selten oder gar nicht. Zum einen passt die anklagende Haltung nicht zur wertschätzenden coachenden Haltung, zum anderen bringen die Antworten Sie nicht voran. Wie aber können Sie nun deutlich machen, dass Ihre Grundhaltung keine anklagende ist, sondern eine zugewandte? Manchmal genügt es bereits, das Wort „warum" gegen ein freundlicher klingendes „weshalb" oder „weswegen" auszutauschen, auch wenn die Wörter letztlich das gleiche meinen. Mit einer noch offeneren Formulierung wie etwa „Was hat Sie veranlasst…?" oder „Was war ausschlaggebend für…?" lassen Sie die Verhörsituation hinter sich und schaffen Raum für aussagekräftigere Antworten. Mehr zum sogenannten Fragedruck lesen Sie auch in Kapitel 4d, „Impulse setzen".

Offene Fragen lassen sich auch sehr gut verwenden, um beim Gegenüber eine Reflexion einzuleiten. Sie sind prädestiniert dafür, Sie in Ihrer Arbeit in der coachenden Haltung zu unterstützen. Dies funktioniert am besten mit den von Patrzek so benannten induzierenden Fragewörtern (2017, S. 15), die mit „wo-" beginnen: woran, worin, womit usw. Gerade das Fragewort „woran" ist hilfreich, um das System des Gegenübers zu erkunden, z. B. durch die Frage „Woran machen Sie fest, dass…?"

## Systemische Fragen

Neben den bereits erläuterten Frageformen (offene und geschlossene sowie Alternativfragen) stehen zusätzliche weitere Möglichkeiten für Aufbau und Formulierung von Fragen zur Verfügung. Dies bedeutet, dass der Grundaufbau einer Frage entweder offen oder geschlossen ist oder aber die Form einer Alternativfrage annimmt. Außerdem kann die Frage

- zirkulär und/oder
- hypothetisch und/oder
- skalierend

sein, muss es aber nicht. Die drei aufgezählten Varianten schließen sich nicht gegenseitig aus. Eine Frage kann etwa zugleich zirkulär und skalierend gestaltet sein.

Zirkuläre Fragen beziehen Fremdperspektiven ein. Die befragte Person wird nicht danach gefragt, was sie selbst über etwas denkt, sondern danach, wie ihrer Ansicht nach wohl bestimmte Dritte darüber denken. Zum Beispiel: „Was glauben Sie, wie Ihr Vortrag auf Ihre Mitstudierenden gewirkt hat?" oder „Was vermuten Sie, wie mein Urteil zu diesem Text ausfällt?"

!

**Wichtig**

Da zirkuläre Fragen wahre Wunderwerke der Fragetechnik sind und oft sehr gute Antworten und somit Fortschritte bringen, ist die Versuchung groß, diese immer wieder einzusetzen. Doch Achtung! Zirkuläre Fragen nutzen sich schnell ab und wirken auf Dauer überfordernd.

Setzen Sie zirkuläre Fragen sparsam und vor allem gezielt ein. Bilden Sie zunächst eine Hypothese über die Weltsicht der befragten Person und testen Sie diese Hypothese durch Ihre Frage. Gehen Sie bewusste in eine systemische Denkhaltung und achten Sie verstärkt auf die „Spiele" oder „Regelkreise", die Ihr Gegenüber konstruiert.

- Wie sieht Ihr Gegenüber die Zusammenhänge?
- Was kommt bei ihm oder ihr durch den Perspektivwechsel in Bewegung?

Aufschlussreich wird es, wenn Sie danach noch Fragen wie „Woran machen Sie das fest?" oder „Wie kommen Sie zu dieser Einschätzung?" stellen und so tiefer in die fremde Gedankenwelt eintauchen.

Hypothetische Fragen bringen Gedankenexperimente in eine Gesprächssituation ein. Dies zeigt sich schon daran, dass sie oft durch „Gesetzt den Fall…" oder „Stellen Sie sich einmal vor, dass…" eingeleitet werden. Durch hypothetische Fragen werden gedankliche Räume eröffnet, in denen neue Wirklichkeiten entstehen können, Kreativität und Phantasie werden angeregt. Beispielweise könnten Sie fragen: „Mal angenommen, Sie hätten in Ihren Vortrag noch eine Folie zur theoretischen Fundierung aufgenommen, wie hätte sich das ausgewirkt?" oder „Unterstellen wir einfach einmal, Sie wüssten bereits, dass Sie auf diese Textversion keine gute Note bekommen. Welche Abschnitte würden Sie dann beim Überarbeiten vorrangig angehen?".

Skalierungsfragen zielen auf das Hinterfragen von Unterschieden ab. Das kann entweder bedeuten, dass bereits bekannte Unterschiede benannt und skaliert werden, oder aber dass noch unbekannte Unterschiede überhaupt erst sichtbar gemacht werden. Eventuell stellt sich durch Skalierungsfragen auch heraus, dass vermeintlich große Unterschiede doch nicht so gravierend sind. Skalierungsfragen sind bei vielen Menschen (gerade auch in „zahlenlastigen" Berufen) beliebt, weil sie Aussagen messbar machen und man gut damit weiterarbeiten kann. Diese Aussagen können sich auf innere oder äußere Phänomene beziehen („Wie zufrieden sind Sie mit dem Klima in Ihrer Arbeitsgruppe auf einer Skala von 0 bis 10?" oder „Für wie gelungen halten Sie die Argumentation in Kapitel 3 im Vergleich zu Kapitel 2 und Kapitel 4?". Auch hier entstehen wie bei den zirkulären Fragen die besten Erkenntnisse, wenn man im Anschluss an die Skalierungsfrage herausfindet, wie die Person zu ihrer Einschätzung kommt und woran sie diese festmacht.

Generell gilt:
Gerade bei Fragen, die bei Ihrem Gegenüber den Denkprozess ordentlich in Gang bringen und einiges anregen, ist es ganz normal, dass dies erst einmal im Verborgenen passiert. Vielleicht bekommen Sie noch etwas zu hören wie „Das ist eine gute Frage!“ oder auch „So habe ich das noch nie gesehen!“, vielleicht kommt aber auch gar nichts. Halten Sie die Stille aus und freuen Sie sich:

> „Selbstverständlich wird ein Schweigen entstehen. Insbesondere dann, wenn Ihre Frage ‚es in sich hat‘. Je spannender die Frage, desto notwendiger das Schweigen. Verstehen Sie es also als Kompliment zu Ihrer Frage, wenn die Leute jetzt erst einmal hirnen. Das ist perfekt so.“ (Arn, 2016, S. 173)

Vielleicht passiert also in der Lehrveranstaltung viele Sekunden oder Minuten gar nichts. Eventuell kommt ein paar Wochen danach jemand mit einer neuen Erkenntnis auf Sie zu und bedankt sich. Manchmal geschieht dies auch nach dem Abschluss des Studiums, wenn ein Student Ihnen anvertraut, was Ihre Frage damals ausgelöst hat. Vielleicht erfahren Sie aber auch nie, ob sich etwas getan hat. Bleiben Sie gelassen.

Bevor Sie direkt losstürmen und neue Frageformen anwenden, empfehle ich Ihnen Folgendes:

### Impuls

Beobachten Sie sich einmal eine Weile selbst.

- Welche Fragetypen verwenden Sie oft, welche selten oder nie?
- Wie ändert sich das situationsabhängig?
- Wie fallen jeweils die Reaktionen Ihres Gegenübers aus?
- Was möchten Sie ggf. an Ihrer Art, Fragen zu stellen, verändern? Testen Sie es und beobachten Sie.

## Solution Surfing

Eingangs habe ich erklärt, wieso ich Ihnen nicht einfach einen Koffer mit Coaching-Methoden hinstelle, aus dem Sie sich bedienen können. Das würde dem Gedanken der coachenden Haltung nicht gerecht und am Ende womöglich mehr Schaden anrichten, als dass es Gutes bewirkt.

Eine Ausnahme möchte ich machen und Ihnen damit gewissermaßen ein Übungsfeld schaffen, um zwei der Techniken zu erproben – das Zuhören und das Fragenstellen.

Bei dieser Methode handelt es sich um das Solution Surfing nach Peter Szabó, das einfach anwendbar ist und auf einer Abfolge von Skalierungsfragen basiert. Diesen Fragetypus haben Sie ja gerade kennengelernt. Die Methode führt relativ schnell zu Lösungen und stammt aus dem so genannten lösungsorientierten Coaching.

Selbstverständlich sollte jedes Coaching um eine Lösung bemüht sein. Es existiert jedoch ein eigener Ansatz, für den charakteristisch ist, dass sich Coach und Coachee explizit an der Lösung und den Ressourcen orientieren und eben nicht am Problem, dessen Hintergründen und Ursachen. Der Blick geht also beim lösungsorientierten Coaching tendenziell in die Zukunft und nicht in die Vergangenheit.

Das Coaching-Anliegen sollte eher oberflächlicher Natur sein, denn es geht um das verhältnismäßig schnelle Aufspüren von Lösungen und nicht um das tiefe Ergründen von Problemen. Eine der Handlungsleitlinien des Solution Surfing heißt „Stay at the surface“, und damit ist genau das gemeint. Wie beim Surfen bleibt man bei dieser Coaching-Methode an der Oberfläche. Beispielsweise wäre ein geeignetes Anliegen, wenn sich Studierende vor einer Präsentation oder Prüfung unsicher fühlen und wissen wollen, wie sie damit umgehen können. Echte Prüfungsangst oder gar eine darüber hinausgehende Angststörung wären ungeeignet für das Solution Surfing (und auch sowieso bei entsprechenden Beratungs- oder Therapiestellen besser aufgehoben als bei einem Coach).

Ohne coachende Haltung würden Sie den betroffenen Studierenden wahrscheinlich Tipps geben und Mut zusprechen, was unter Umständen auch hilft. Mit einer coachenden Haltung hingegen geben Sie den Studierenden Raum, eine individuell passende Lösung selbst zu entdecken. Gemäß der zweiten Handlungsleitlinie, „Catching the big one“, lassen Sie sich hierbei von der Frage leiten, wo am meisten vorwärts gerichtete Energie steckt. Es gilt, die große Welle zu erwischen, auf der Sie mit dem oder der Studierenden elegant über das Meer gleiten.

Für das Solution Surfing benötigen Sie einen Flipchart oder mindestens ein großes Arbeitsblatt, natürlich Stifte und auch ein wenig ungestörte Zeit.

Es kann vorteilhaft sein, zumindest die Skalen schon vorab zu zeichnen und mit den Zahlen zu beschriften. Die dazugehörigen Fragen stellen Sie erst, wenn diese jeweils an der Reihe sind und schreiben sie dann zu der dazugehörigen Skala.

Die Abfolge der Skalen mit den dazugehörigen Fragen sieht am Ende so aus, wie in Abbildung 8 dargestellt.

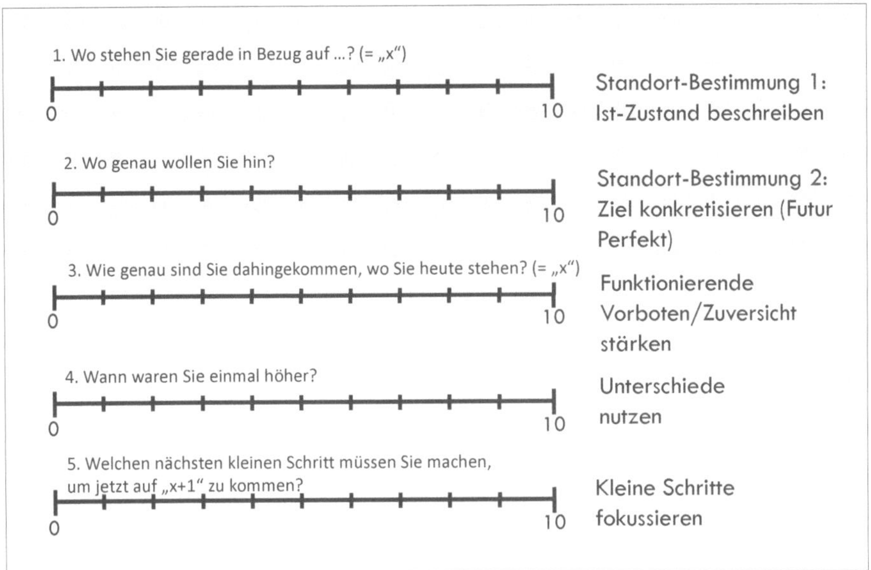


**Abbildung 8: Solution Surfing (eigene Darstellung in Anlehnung an Szabó)**

Frage 1: „Wo stehen Sie gerade in Bezug auf…?"

Diese Frage zielt darauf ab, den Ist-Zustand zu beschreiben. Stellen Sie sich darauf ein, jede Menge „Problem Talk" zu hören zu bekommen. Die konkrete Zahl, die genannt wird, ist nicht von so großer Bedeutung, wie Sie vielleicht annehmen. Sie dient eher als Ausgangspunkt und Basis für den Vergleich bei den späteren Schritten. Was eine 4 oder 5 wirklich für Ihr Gegenüber bedeuten, werden Sie sowieso nie abschließend erfassen können (und auch niemand sonst außer der Person, die die Zahl genannt hat).

Frage 2: „Wo genau wollen Sie hin?"

Nun soll das Ziel konkretisiert werden. Auch hier ist die genannte Zahl noch nicht besonders wichtig. Manche nennen eine 10, weil sie sich am Ideal orientieren und dieses erreichen möchten. Andere wiederum nennen eine bescheidenere 8 oder 9, weil sie annehmen, das Ideal sowieso nicht oder zumindest nicht so schnell erreichen zu können. Lassen Sie sich in jedem Fall diesen Zielzustand, egal mit welcher Zahl er belegt wurde, ausführlich schildern. Fordern Sie Ihr Gegenüber auf, hier wirklich ins Detail zu gehen, sowohl äußere als auch innere Umstände zu benennen (Wie ist es? Wie fühlt es sich an?) und auch einmal die Perspektive zu wechseln (Woran würde Ihre Familie erkennen, dass Sie Ihr Ziel erreicht haben?).

Frage 1 und 2 werden manchmal als Frage nach dem gewünschten Fortschritt zusammengefasst („Wo stehen Sie gerade und wo möchten Sie hin?"). Die beiden Markierungen werden dann auf der gleichen Skala gesetzt.

Frage 3: „Wie genau sind Sie dahin gekommen, wo Sie heute stehen?"

Wie ist die Person zu der Zahl gekommen, die sie als Antwort auf Frage 1 genannt hat? Durch diese Frage können Sie die Zuversicht stärken, indem Sie bewusst machen, dass die Person nicht mehr bei null steht und welche Fortschritte bisher schon erzielt wurden.

Frage 4: „Wann waren Sie schon einmal höher?"

Nutzen Sie die Unterschiede, die sich durch ein zeitweiliges Überschreiten des Normalzustands ergeben. Welche Ausnahmen vom bisherigen Verhalten gab es? Wo verstecken sich die Ressourcen Ihres Gegenübers? Was können Sie aus den Unterschieden ablesen? Wahrscheinlich hat der oder die Studierende schon einmal eine Situation gemeistert, in der ähnliche Fähigkeiten oder auch nur Teile davon gefragt waren. Darauf lässt sich aufbauen.

Manche antworten auf diese Frage zunächst einmal mit einem „Noch nie". Lassen Sie in diesem Fall nicht so schnell locker und laden zu einer differenzierten Betrachtung ein. Nicht alles fällt einem direkt ein, nicht alles findet man direkt erwähnenswert, gerade wenn es sich um winzige Details handelt. Wenn dennoch keine Antwort kommt, können Sie auch nach vergleichbaren Situationen fragen, sodass die Erkenntnisse sich abstrahieren und übertragen lassen.

Frage 5: „Welchen nächsten kleinen Schritt müssen Sie machen, um jetzt Ihrem Ziel näher zu kommen?"

Für diesen Fokus auf die kleinen Schritte können Sie auch noch einmal den Wert aus Frage 1 nutzen und konkret nachfragen, was Ihr Gegenüber machen sollte, um $x+1$ zu erreichen.

Sowohl in der Lehre als auch in der Beratung lässt sich das Solution Surfing einsetzen. Zuvor sind jedoch zwei grundsätzliche Überlegungen zu treffen.

Erstens, wollen Sie den zeitlichen Aufwand wirklich betreiben? Wägen Sie gründlich ab, für welches Anliegen sich das Solution Surfing lohnt. Zuvor hatte ich bereits erwähnt, dass nur relativ oberflächliche Anliegen überhaupt geeignet sind. Nun gehen die Gedanken in die entgegengesetzte Richtung: Ist das Anliegen so bedeutsam, dass es mit ein paar schnellen Tipps nicht getan ist? Würde das Solution Surfing und das damit verbundene gemeinsame Erarbeiten der Lösung die betreffende Person deutlich voranbringen? Nur dann lohnt sich der Einsatz wertvoller Beratungszeit. Auch der Rahmen muss natürlich stimmen: Wenn auf dem Flur schon die nächsten drei Studierenden warten und Sie Zeitdruck verspüren, werden Sie sich wahrscheinlich nicht besonders gut und geduldig auf die coachende Haltung einlassen können. In der Lehre eignet sich Solution Surfing vor allem dann, wenn das Anliegen für mehrere Studierende relevant ist oder aber diese von dessen Behandlung auf der Meta-Ebene etwas lernen können (etwa in einer Veranstaltung zu Schlüsselqualifikationen oder in einem pädagogischen Studiengang). Ist Letzteres der Fall, benötigen Sie im Anschluss Zeit, um die Methode zu reflektieren und unter Umständen auch, um die Studierenden diese üben zu lassen.

Zweitens, wollen die Studierenden Ihr Angebot zum Solution Surfing überhaupt annehmen? Einfach damit loslegen dürfen Sie natürlich nicht. Holen Sie auf jeden Fall das Einverständnis ein, etwa mit einer Frage wie „Wie offen sind Sie dafür, Ihr Anliegen gemeinsam mit einer strukturierten Methode aus dem Coaching anzugehen?" So kann sich die betreffende Person sich überlegen, ob Sie das überhaupt möchte, sie die nötige Zeit und auch das Vertrauen in Sie mitbringt.

Ein Beispiel:

*Die Situation: Eine Studentin sucht Ihre Sprechstunde auf, um über die anstehende Bachelorarbeit zu sprechen. Sie tut sich schwer mit der Themenwahl und berichtet, sich auch sonst mit den leichtesten Entscheidungen schwer zu tun („Pizza Funghi oder Pizza Primavera?"). Die Studentin und Sie kennen sich seit ihrem ersten Semester. Vertrauen und gegenseitige Wertschätzung sind vorhanden.*

*Dozentin: Ich habe da eine Idee. Wenn Sie ein wenig Zeit mitgebracht haben und Sie einverstanden sind, könnten wir diese Sache mit einer strukturierten Methode aus dem Coaching angehen. Wie stehen Sie dazu?*

*Studentin: Das klingt interessant. Schaden kann es auf jeden Fall nicht!*

*[Rückfragen und Erläuterungen zum Vorgehen folgen.]*

*Dozentin:* ***Was würden Sie sagen, wo stehen Sie aktuell in Bezug auf Ihre Entscheidungsfreudigkeit, und wo würden Sie gern stehen?*** **[zeigt die Skala; Frage 1 und 2 des Solution Surfing].** *Die 10 wäre der Idealzustand, in dem das Problem bereits gelöst wäre, die 0 das Gegenteil.*

*Studentin: Aktuell, würde ich sagen, bin ich da bei einer 3. Und ich würde schon gern so bei einer 8 landen.*

*Dozentin: Ah, verstehe. Beschreiben Sie mir das doch bitte mal ein wenig genauer. Woran machen Sie das fest, dass Sie heute bei einer 3 sind?*

*Studentin: Hm, wo soll ich da anfangen? Entscheidungen fallen mir eben generell sehr schwer. Ich brauche da immer ewig dafür. Das nervt mich schon sehr. Das sehe ich auf jeden Fall in der unteren Hälfte der 10er-Skala.*

*Dozentin:* **Wieso ist das keine 2 mehr? [Abwandlung von Frage 3 des Solution Surfing]**

*Studentin: Also, mir fallen da schon Leute ein, die noch schlimmer sind als ich, was Entscheidungen angeht [zählt Beispiele auf].*

*Dozentin:* ***Und wieso sehen Sie sich noch nicht bei einer 4?*** **[weitere Abwandlung von Frage 3 des Solution Surfing]**

*Studentin: Ganz ehrlich, ich finde, dass das seit dem Studium stagniert. Vielleicht ist es sogar schlechter geworden, seit ich studiere. Überall gibt es so viele Möglichkeiten, überall soll man sich entscheiden. Das fällt mir so schwer. Da kann ich wirklich nur eine 3 auf der Skala ankreuzen, weil ich da so herumeiere.*

*Dozentin: Und, wenn wir jetzt einmal in die Zukunft denken: Wie ist das mit der 8? Wenn Sie sich einmal vorstellen, Sie hätten die 8 schon erreicht: Wie fühlt sich das dann an, wenn Sie eine Entscheidung treffen müssen?*

*Studentin: Oh, das wäre toll! Ich wäre sooo erleichtert. Die ganze Grübelei würde wegfallen. Ich würde nicht dauernd denken, dass ich mich falsch entscheiden könnte. Oder dass ich mich falsch entschieden habe. Das geht mir oft so, dass ich mir überlege, was gewesen wäre, wenn ich den anderen Weg genommen hätte.*

*Dozentin: Und bei der 8 ist das anders, nehme ich an?*

*Studentin: Ja, genau, das wäre weg.*

*Dozentin: Was hat sich bei der 8 um Sie herum geändert?*

*Studentin: Mein Freund und meine Familie würden das ganz schnell mitbekommen, dass ich nicht mehr so viel grüble. Die sehen ja, wenn ich wieder nicht vorwärtskomme, weil ich einfach nicht weiß, welche Richtung ich einschlagen soll. Das wäre dann weg.*

*Dozentin: Woran merken denn Ihre Mitstudierenden, dass Sie bei einer 8 sind?*

*Studentin [lacht]: Die müssten in der Mensa nicht mehr so lange auf mich warten! Und sie müssten nicht ständig mein Gejammer ertragen, wenn ich mal wieder nicht weiß, wie ich mich entscheiden soll. Bestimmt schon seit drei Monaten müssen die sich meine Gedanken zur Bachelorarbeit anhören. Wie ich ein Thema gut finde und denke „Das nehm' ich jetzt aber wirklich!" – und dann am Tag darauf doch wieder 1000 Gründe gefunden habe, die dagegensprechen. Dann geht das Spiel von vorne los …*

*Dozentin: Ah ja, so machen Sie das also bisher. Schauen wir doch weiter nach vorne. Wie ist das dann also, wenn Sie bei der 8 angekommen sind?*

*Studentin: Ja, das – das ist dann auch ganz einfach. Da habe ich mir dann einmal gründlich Gedanken gemacht und bin mir sicherer, dass ich eine gute Entscheidung getroffen habe. Da wüsste ich dann quasi, dass es schon keine ganz miese Entscheidung gewesen sein wird. Ich meine, es muss ja auch nicht immer das Optimum sein, oder?*

*Dozentin: Hm. [schweigt]*

*Studentin: Ja, also ich glaube, wenn ich da so bei einer 8 wäre, wüsste ich, dass man auch mit der zweitbesten Entscheidung ganz gut fahren kann.*

*Dozentin:* **Waren Sie denn schon mal näher an der 8 dran als jetzt? [Frage 4 des Solution Surfing]**

*Studentin: Puh, ne, nicht dass ich wüsste! Es ist bei mir immer so ein Kampf mit dem Entscheiden.*

*Dozentin: Überlegen Sie noch einmal gut. Vielleicht fällt Ihnen ja noch eine Ausnahme ein?*

*Studentin: Oh ja, tatsächlich! Wenn es abends darum geht, welche Serie wir schauen wollen, da ist es mir ziemlich gleich. Verstehen Sie, da hängt ja nun nicht mein Leben davon ab. Und wenn ich die eine Folge heute nicht sehe, dann kommt die eben morgen dran.*

*Dozentin: Das ist bei der Bachelorarbeit natürlich ein wenig anders. Wenn Sie sich da für ein Thema entscheiden, werden Sie über kein anderes Thema eine zweite Bachelorarbeit schreiben.*

*Studentin: Ja! [denkt nach] Und irgendwie auch nein. Ich wollte ja eh noch einen Master machen, da kann ich ja …*

*Dozentin: [schweigt, es ergibt sich eine kleine Gesprächspause]*

*Studentin: Wissen Sie, manche Themen finde ich einfach nur an und für sich interessant. Aber ich glaube, da würde es reichen, wenn ich mal ein bisschen was drüber lese. Da muss ich nicht gleich eine ganze Abschlussarbeit darüber schreiben.*

*Dozentin: Das halte ich für ein wichtiges Zwischenergebnis. Sie scheinen Ihre verschiedenen Themenideen gerade zu priorisieren.*

*Studentin: Genau. Wahrscheinlich kommt es eh auf ganz andere Dinge an.*

*Dozentin: Was meinen Sie damit?*

*Studentin: Na ja, mehr so, ob ich das methodisch sauber mache. Ob ich eine gute Fragestellung finde, die ich dann wissenschaftlich bearbeiten kann. Dazu muss ich ja eigentlich erst mal nur wissen, ob ich zu dem Thema genug Literatur finde und ob ich in der geplanten Methode fit genug bin.*

*Dozentin:* **Was wäre denn ein nächster kleiner Schritt, den Sie gehen müssten, um von Ihrer aktuellen Position auf der Skala auf die 4 zu kommen? [Frage 5 des Solution Surfing]** *Als Zwischenschritt auf dem Weg zur 8 quasi?*

*Studentin: Also eine 4 wäre ja schon, wenn ich genügend Informationen zur Literaturlage bei meinen beiden Favoritenthemen hätte. Und vielleicht noch ein bisschen mehr Hintergrund zur Methode. Das würde mir, glaube ich, mehr Sicherheit geben.*

*Dozentin: Inwiefern Sicherheit?*

*Studentin: Ich will halt nicht, wenn ich die Arbeit schon angemeldet habe, merken, dass das hinten und vorne nicht hinhaut, was ich mir da so ausgedacht habe. Das würde mir Sicherheit geben, wenn ich wüsste, dass ich schon nicht gleich durchfallen werde.*

*Dozentin: Ich fasse dann mal zusammen: Sie haben festgestellt, dass Sie Ihre Entscheidung gern absichern möchten, indem Sie die in Frage kommenden Themen gründlich durchdenken und auch schon vorab recherchieren. Sie sind außerdem zu dem Schluss gekommen, dass der Inhalt als solcher gar nicht so relevant ist, wie Sie ursprünglich dachten, und dass Sie manche Ihrer Interessen auch ohne den Aufwand einer Bachelorarbeit verfolgen können.*

*Studentin: Ja, so sehe ich das. Das hat mir jetzt wirklich geholfen, dass wir darüber gesprochen haben!*

*Dozentin: Das freut mich!*

*Studentin: Können wir es dann so machen, dass ich mich in zwei Wochen wieder mit einem konkreten Vorschlag für meine Bachelorarbeit bei Ihnen melde?*

*Dozentin: Sehr gern! Ich bin gespannt!*

Lassen Sie mich noch ein paar Punkte zu diesem Beispieldialog anmerken:

Selbstverständlich kann ein solches Gespräch deutlich länger sein, insbesondere weil mehr Nachfragen gestellt würden, um die Wirklichkeitskonstruktion der Studierenden noch besser zu erfassen.

Herausheben möchte ich seitens der Dozentin, wie diese wieder auf die Lösung bzw. das Finden einer Lösung zurückführt („Schauen wir weiter nach vorne …"), als die Studierenden einmal in den „Problem Talk" abdriftet, und wie sie bei einer Antwort der Studierenden nachfragt, die sie auch einfach so hätte hinnehmen können („Inwiefern Sicherheit?").

Die Studentin hat im Zuge des Solution Surfing die Lösung inhaltlich allein erarbeitet und wurde dabei durch die Fragen der Dozentin geleitet. In einer rein fachlichen Diskussion hätten sich die beiden über Themen und Schwerpunkte ausgetauscht; die Dozentin hätte wahrscheinlich die Literaturlage zu bedenken gegeben und methodische Feinheiten ins Spiel gebracht, sodass sich die Studentin wahrscheinlich noch überforderter gefühlt hätte („Jetzt soll ich mich nicht nur für ein Thema entscheiden, sondern auch noch vorab die Literatur checken und mich in der Methode fit machen!"). So gewichtet sie die Aspekte anders. Sie hat außerdem gemerkt, dass sie das nicht gewählte Thema nicht für immer verliert.

In einem zweiten Beispiel lesen Sie einen Solution Surfing-Dialog mit einem anderen Studierenden. Wir steigen an der Stelle mit der Frage nach Ausnahmen ein (Frage 4 des Solution Surfing, „Wann waren Sie schon einmal näher an der Zielzahl?"):

*Student: Sie werden lachen. In meiner Freizeit bin ich Schiedsrichter im Fußball und fälle im Sekundentakt Entscheidungen.*

*Dozentin: Was ist da anders?*

*Student: Da gibt es klare Regeln; ich muss schnell entscheiden, sonst entgleitet mir das Spiel.*

*Dozentin: Was steht hier an der Hochschule auf dem Spiel, wenn Sie keine Entscheidung treffen?*

*Student: Das führt wohl zu einer längeren Studiendauer.*

*Dozentin: Wie wäre das für Sie?*

*Student: Hm, na ja, ich würde schon gern lieber heute als morgen ins Berufsleben einsteigen.*

*Dozentin: Welche „Regeln" sehen Sie denn bei der Entscheidung für ein Abschlussarbeitsthema?*

*Student: Die sind mir nicht so ganz klar. Ich weiß, dass es Ihnen als Betreuungsperson fachlich und methodisch zusagen muss und insgesamt natürlich auch mir selbst, damit ich motiviert drangehe. Das trifft aber auf alle meine Ideen zu. Das bringt mich nicht weiter.*

*Dozentin: Was machen Sie denn als Schiedsrichter, wenn Sie nicht weiter wissen?*

*Student: Das lässt sich jetzt nicht so gut vergleichen. Da habe ich natürlich beispielsweise Linienrichter, die ich fragen kann. Oder man tauscht sich nach dem Spiel mit Kollegen aus. Oder bespricht das bei der nächsten Weiterbildung.*

*Dozentin: Hm.*

*Student: Ja, das könnte ich natürlich machen. Ich frage mal rum, nach welchen Kriterien sich meine Mitstudierenden so entschieden haben. Das ist eine super Idee, danke!*

*Dozentin: Das war Ihre eigene Idee!*

*Student: Ja, stimmt ja! Trotzdem ... Also das gibt mir jetzt gerade einen richtigen Schub. Sind wir fertig mit der Methode?*

*Dozentin: Ja, ja, ich denke, Sie wissen ziemlich gut, was Ihre nächsten Schritte sein werden. Halten Sie mich auf dem Laufenden.*

Die Dozentin nimmt hier am Ende die Welle auf und kürzt ab, indem sie den letzten Schritt nicht noch einmal explizit anspricht.

Durch diesen zweiten Gesprächsverlauf wird deutlich, dass die fehlende Entscheidungsfreudigkeit jeweils andere Hintergründe hatte. Bei der Studentin lag es daran, dass sie ihre zweite, dritte usw. Alternative, die sie auch noch hätte wählen können, nicht loslassen wollte. Bei dem Studenten lag der Grund für die noch nicht getroffene Entscheidung darin, dass ihm der Überblick über die Kriterien („Regeln") fehlte. Beide Male löste sich durch das Solution Surfing ein Knoten. Durch die Fokussierung auf die Lösung und auf den nächsten kleinen Schritt kam wieder Bewegung in die Entscheidung über das Bachelorarbeitsthema.

## c. Den nächsten nötigen Schritt erkennen

Mit der Hilfe eines einfachen Vier-Phasen-Modells des Lernens richten wir den Blick auf die verschiedenen Punkte, an denen Lernende stehen, und auf Möglichkeiten, ihr Fortkommen zu fördern. Einzelne Teile davon können Sie auch nutzen, um Ihre eigenen nächste Schritte zu erkennen.

Beim Lernen begeben wir uns, abstrakt formuliert, auf einen Weg von A nach B. Der Ausgangszustand soll verändert werden, sodass wir etwas Neues wissen oder können. Dann ist das Ziel erreicht. Während des Lernprozesses baut sich eine neue kognitive Struktur auf. Neue Elemente werden in die bestehende Struktur integriert, neue Verknüpfungen zwischen den Elementen werden aufgebaut. Oder aber die bestehende Struktur kann angesichts des neuen Wissens nicht mehr bestehen und wird angepasst.

Wie aber laufen Lernprozesse ab? Die Antwort hängt stark davon ab, wen man fragt.

- In der behavioristischen Sichtweise geht es um Konditionierung, also um das Arbeiten mit Reiz-Reaktions-Ketten, die den Lernenden nicht bewusst sind. Innere Prozesse wie Emotion, Motivation und auch Intention werden im Behaviorismus weitgehend ausgeblendet; sie befinden sich in einer „black box“, die nicht Gegenstand der Untersuchungen ist. Lernen wird in diesem Ansatz durch Verstärkung gesteuert, beispielsweise durch Lob oder Strafen. Diese Verstärkung kommt von außen. Auch wenn die Blütezeit des Behaviorismus vor der sogenannten Kognitiven Wende lag, wirken die Ansichten auch heute noch nach.
- Die kognitivistische Perspektive ist geprägt von der Maschinen-Metapher. Der Mensch wird als wissensverarbeitende Maschine betrachtet. Von Interesse ist hierbei, welche Prozesse im menschlichen Gehirn stattfinden, also z. B. welche Informationen überhaupt wahrgenommen werden oder wie Entscheidungsfindung und Problemlösung ablaufen. Im Gegensatz zum Behaviorismus liegt der Fokus also gerade auf den inneren Prozessen. Allerdings geschieht dies unter der Annahme, dass es eine objektiv wahre und erkennbare Realität gibt. Dies wiederum hat zur Folge, dass Lernen als Input-Output-Geschehen verstanden wird. Die Lehrpersonen bieten den Input in Form des zu lernenden Stoffs dar und generieren so Output bei den Lernenden, die das Wissen aufnehmen. Dies nennt sich Instruktionslernen.
- Durch die Brille des Konstruktivismus betrachtet handelt es sich bei Lernprozessen um subjektive Interpretationen und Konstruktionen. Wissen wird nicht nur verarbeitet, sondern in dem Sinn konstruiert, dass sich Lernende eine eigene individuelle Repräsentation des Wissens aufbauen (mentales Modell). Dies bedeutet, dass der Lernprozess individueller gedacht wird als im Kognitivismus. Ein derartiger Lernprozess setzt eine gewisse Erfahrung und auch Methodenkompetenz voraus.

Gerade in der Erwachsenenbildung ist diese Lerntheorie verbreitet, Vertreter sind beispielsweise Kersten Reich, Rolf Arnold und Horst Siebert.

Dieses Buch kann nicht der Ort für eine ausführliche Würdigung der Ansätze sein. Aus den vorangegangenen Kapiteln lässt sich allerdings wahrscheinlich leicht erschließen, dass dessen Inhalte am wenigsten von der behavioristischen Sichtweise geprägt sind und auch eher wenig mit einem rein kognitivistischen Denken gemeinsam haben. Die größten Übereinstimmungen gibt es sicherlich mit dem Konstruktivismus. Gerade deshalb möchte ich zwei Punkte betonen. Erstens muss der Konstruktivismus als Weltsicht nicht notwendigerweise mit einer konstruktivistischen Perspektive auf den Lernprozess einhergehen. Beides ist unabhängig voneinander, auch wenn es oft gemeinsam auftritt. Sie können also von der Existenz einer objektiven Wahrheit überzeugt sein und dennoch den Lehr-Lern-Prozess auf eine konstruktivistische Art angehen. Zweitens möchte ich durch die Betonung der Konstruktion von Wissen Instruktion im Sinne klassischer Vorträge oder Erklärvideos nicht ausschließen. Die Darbietung des Wissens einer Lehrperson kann hilfreich für das Anstoßens des Lernprozesses sein, denn Zuhören ist kein so passiver Vorgang, wie man vielleicht meinen möchte. Auch hierbei wird konstruiert.

Vor diesem Hintergrund möchte ich gern die verschiedenen Arten des Lernens zusammenführen. Dafür nutze ich eine sehr eingängige Darstellung von Noel Burch (vgl. Abbildung 9). Diese taucht in abgewandelter Form an verschiedenen Stellen auf und wird mehreren Personen zugeschrieben. Es handelt sich nicht um ein wissenschaftlich generiertes Modell, auch wird es in der Wissenschaft nicht nennenswert rezipiert. Dennoch halte ich die Ansatzpunkte für die Gestaltung von Lehr-Lern-Prozessen hilfreich. Wie jedes Modell kann es sicher nicht alle Fälle abbilden. Prüfen Sie einfach, ob Sie für Ihr Feld und Ihre Studierenden daraus Erkenntnisse ziehen können.

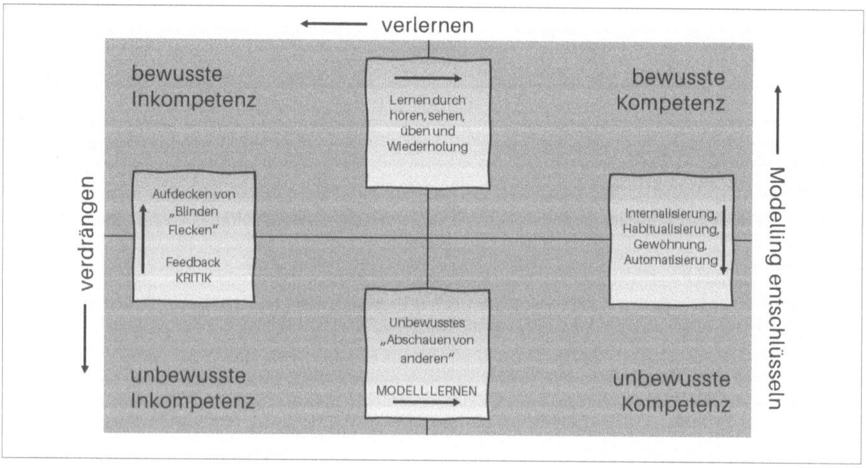


**Abbildung 9: Arten von (In-)Kompetenz und Lernen (in Anlehnung an https://www.leadion.de/2013/01/23/vier-phasen-des-lernens/)**

Der Lernprozess oder Kompetenzaufbau wird hier in vier Felder unterteilt:

1. Unbewusste Inkompetenz
2. Bewusste Inkompetenz
3. Bewusste Kompetenz
4. Unbewusste Kompetenz

Was sind die nötigen Schritte, um von einem Feld zum nächsten zu gelangen?

### *Von der unbewussten Inkompetenz zur bewussten Inkompetenz*

Im Feld der unbewussten Inkompetenz ist bei den Lernenden noch kein Problemverständnis vorhanden. Sie haben noch nicht erkannt, dass ihr aktuelles Wissen und Können für anstehende Aufgaben nicht ausreichen wird. Entsprechend halten sie die neuen Inhalte oft für unnötig. Manche Studierende im ersten Semester fühlen sich auf das Anfertigen von Seminararbeiten gut vorbereitet, weil sie schon in der Oberstufe eine Facharbeit geschrieben haben. Die Unterschiede im Anforderungsniveau nehmen sie nicht wahr. Andere Studierende wiederum halten die Schreibkompetenzen für überflüssig, da sie nicht vorhaben, eine wissenschaftliche Karriere einzuschlagen.

Um aus dem Feld der unbewussten Inkompetenz heraustreten zu können, müssen die Lernenden also zunächst ihre Inkompetenz erkennen und auch den Wert der aufzubauenden Kompetenzen zu schätzen wissen. Ersteres gelingt oft durch Feedback und das Aufzeigen der blinden Flecken. Letzteres lässt sich je nach Themenbereich auf verschiedenen Wegen erreichen: durch bloßes Aufzählen der Vorteile der neuen Kompetenzen, durch gemeinsames Erarbeiten, durch Erfahrungsberichte höherer Semester oder von Berufstätigen usw. Vielleicht sagt Ihnen in diesem Zusammenhang auch die Dunning-Kruger-Kurve etwas (Kruger & Dunning, 1999). Sie erklärt unter anderem, wieso oft gerade jene Studierende nicht Ihren Rat suchen, die ihn dringend nötig hätten – sie sind sich ihrer eigenen Inkompetenz schlicht nicht bewusst.

### *Von der bewussten Inkompetenz zur bewussten Kompetenz*

Jetzt ist den Lernenden ihre Inkompetenz im betreffenden Gebiet bewusst und sie wollen das neue Lernfeld bearbeiten. Im oben aufgeführten Beispiel wüssten Studierende etwa schon, dass sie für eine Seminararbeit mehr und andere Literatur recherchieren sollten als für eine Arbeit in der Oberstufe und wären daran interessiert, die dafür nötigen Recherchekompetenzen aufzubauen. Sie würden bereitwillig an einer Schulung in der Bibliothek teilnehmen und sich erklären lassen, wo sie auf welche Art und Weise nach Literatur suchen und wie sie zitierwürdige Quellen auswählen.

Hilfreich für den Lernprozess sind an dieser Stelle vor allem die Wiederholung und das Üben. Etwaige Fehler bei den ersten Versuchen sind willkommene Lernanlässe, die Sie als Lehrperson in die Lehre integrieren können – selbstverständlich, ohne die Studierenden „vorzuführen“, sondern um zu zeigen, wie man damit umgeht.

### *Von der bewussten Kompetenz zur unbewussten Kompetenz*

Der Übergang von der bewussten zur unbewussten Kompetenz wird in Bezug auf das wissenschaftliche Arbeiten von vielen Studierenden nie erreicht. Ihnen fällt es auch nach mehreren Semestern schwer – obwohl sie „eigentlich" wissen, wie es geht, und sie bereits einige Arbeiten geschrieben haben. Es funktioniert nicht nebenbei, es benötigt viel Konzentration. Um zur unbewussten Kompetenz zu gelangen, bräuchte es noch mehr Routine.

An diesem Übergang können Sie als Lehrperson unterstützen, indem Sie relevante Schritte entschlüsseln. Sie dekonstruieren eine bestimmte Tätigkeit: Sie zerlegen sie in ihre Einzelteile, kommentieren und erklären diese. Sollten die Lernunterschiede in Ihren Kursen stark ausgeprägt sein, können Sie auch die fortgeschritteneren Studierenden darum bitten.

### *Von der unbewussten Inkompetenz zur bewussten Kompetenz*

Interessanterweise existiert ein weiterer Übergang, eine Art Abkürzung. Auch durch Lernen am Modell, also durch „Abschauen", ist es möglich, eine neue Kompetenz aufzubauen. Hierfür braucht es geeignete Vorbilder. Auch hier können dies entweder Sie oder fortgeschrittene Studierende übernehmen.

Im folgenden Interviewauszug von Prof. Dr. Jana Grothe, Wissenschaftliche Leitung der Studiengänge im Bereich Sozialpädagogik (iba), lesen Sie, auf welche vielfältigen Arten sich manchmal Knoten beim Lernen lösen:

» **Andrea Klein:** In welchen Momenten stellt sich Freude in der Lehre ein? Was passiert da? Was erlebt ihr? Wie äußert sich das?

**Jana Grothe:** Die allererste Freude ist dann gegeben, wenn ich merke, dass ich es geschafft habe, die Studierenden zu erreichen. Das ist eigentlich mein Hauptziel. Zu erreichen, dass sie mitdenken. Zu erreichen, dass sie kritische Fragen stellen, zu erreichen, dass sie ihre Sorgen und Ängste loslassen und das, was Ihnen wichtig ist, anzusprechen – denn es gibt für mich keine dummen Fragen ... Ich weiß noch, dass ich früher einen Lehrer hatte, der uns immer mal wieder gesagt hat: „Das war jetzt eine dumme Frage!" [...] Der war ziemlich streng, und da habe ich mir immer gesagt: So will ich mal nicht werden. Für mich gibt's keine dumme Frage. Natürlich kann man das, wenn man es fachlich betrachtet, als dumme Frage definieren. Aber in dem Moment, wenn Wachstumsprozesse angeregt werden wollen, ist jede Frage, egal, wie sie gestellt wurde, die Basis für einen Entwicklungsprozess und dann ist es für mich keine dumme, sondern eine wertvolle Frage. Und wenn ich den Studierenden oder den Schülern Angst mache, dass sie dumme Fragen stellen, dann sagen sie im schlechtesten Fall gar nichts mehr und dann unterbinde ich, bremse ich Wachstums- und Entwicklungsprozesse. Also, kurzum: mir ist wichtig, die Studierenden zu erreichen und zu Wachstumsprozessen anzuregen. Wenn ich das merke und das spüre, ein Lächeln zurückbekomme, vielleicht auch mal eine Träne, weil wir es geschafft haben, Konflikte gemeinsam zu lösen, Dinge, die geklemmt haben, die geklebt haben und wo eine Studentin oder ein Student bereit war von den schwierigen Situationen zu erzählen, wenn wir gemeinsam in der Gruppe, im Team – ich verstehe mich auch als Team, als Lehrende mit meinen Studierenden – wenn wir das geschafft haben, gemeinsam aufzubrechen ... dann bin ich richtig glücklich und das macht mich freudvoll. Und ich glaube auch die Studierenden und dann gibt's das auch als Feedback in den sogenannten Evaluationen in der Lehre.

Gemeinsames Lachen ist auch noch so ein Beispiel. Weil wir es geschafft haben, Stolpersteine aus dem Weg zu räumen und gemeinsam lachen in der Lehre. Das macht mich auch immer extrem freudvoll. Oder wenn ich eine E-Mail bekomme und der Dank ausgedrückt wird, über die Art und Weise, wie ich die Lehre realisiere. Da bin ich dankbar, weil ich dann einfach so sehe „Hey, ich hab's geschafft, sie zu erreichen!" Also eigentlich dreht es sich darum, dass es mein Ziel ist, die Studierenden zu erreichen. Auf den verschiedenen Ebenen zu erkennen, was sie brauchen. Herauszufinden, was sie brauchen, das zu bearbeiten im Miteinander ... und dann gemeinsam freudvoll, gemeinsam freudvolle Erfahrungen zu sammeln.

**Andrea Klein:** Das ist jetzt die menschliche Ebene. Lass uns vielleicht noch ein bisschen schauen, was institutionell gegeben sein sollte, müsste, darf – wie auch immer. Also, was ist wünschenswert, wo du sagst: okay, das wäre jetzt mal eine gute Rahmenbedingung, damit Freude in der Lehre entstehen kann?

**Jana Grothe:** Ich muss erst mal bei mir bleiben. Auch hier finde ich, dass Haltung eine enorm große Rolle spielt. Bei all den institutionellen Rahmenbedingungen, die es dann gibt ... ist die Haltung eine ganz, ganz entscheidende ..., weil so wie ich die Dinge sehe und wie ich sie wahrnehme, kommuniziere ich es weiter und so fühle ich mich auch als Lehrende. Ein Beispiel: Sehe ich bei den Rahmenbedingungen alles nur als schlecht gegeben, hat das Auswirkungen auf meine Lehre, die Art und Weise, wie ich kommuniziere mit den Studierenden und auch auf eine … gegebenenfalls nicht freudvolle Lehre. Von daher, glaube ich, ist das enorm wichtig, immer auch selber zu prüfen, welche Brille ich aufsetze. Egal, von welchen äußerlichen Dingen ich abhängig bin … und die vielleicht schwierig sind. […] Wenn ich jetzt wieder aus meiner Funktion schaue, dann find ich es wichtiger und wichtig, dass man ausdauernder sein sollte als die Schwierigkeiten. Das heißt, wenn Rahmenbedingungen schlecht sind, dann ist es mir wichtig, dass sich jeder Lehrende dafür einsetzt, dass die Rahmenbedingungen sich ändern können und das Weiterreichen an die jeweiligen Führungspersonen. Und dass logischerweise die Führungskraft sich dann wiederum auch dafür einsetzt, dass die Rahmenbedingungen sich langfristig verändern, sodass Lehre auch freudvoll aufgrund dieser Rahmenbedingung gelebt werden kann. «

Im Interview wurden verschiedene Ebenen angesprochen. Ich möchte noch ein paar hinzufügen. Wenn wir Lernhindernisse betrachten, können diese ebenfalls auf unterschiedlichen Ebenen angesiedelt sein.

- Ganz pragmatisch und sachlich betrachtet könnten grundlegendes Wissen oder grundlegende Fähigkeiten nicht vorhanden sein, die jedoch Voraussetzung für die weiterführende Beschäftigung mit den aktuellen Inhalten sind. (Wessen Spanischkenntnisse sich z. B. auf dem A2-Niveau bewegen, wird keinen zeitgenössischen Roman lesen und analysieren können.) Schaffen Sie als Lehrperson in diesem Fall eine fachlich sinnvolle Reihenfolge. Orientieren Sie sich an Referenzrahmen, Modulhandbüchern und deren Kompetenzzielen usw., gehen Sie vom Einfachen zum Komplexen.
- Auf der motivationalen Ebene könnte der Sinn fehlen: Wozu soll ich das lernen? Wozu benötige ich wissenschaftliches Arbeiten, wenn ich doch nicht an der Uni bleiben will? Sinn können Sie nicht von außen „anordnen“. Höchstens können Sie den Studierenden behilflich sein, den individuellen Sinn zu entdecken. Sie ahnen es schon: Stellen Sie Fragen, irritieren Sie Ihr Gegenüber!
- Auf der emotionalen Ebene entstehen Hindernisse oft an Übergängen, etwa wenn das neue Wissen oder die neue Fähigkeit nicht ins bestehende Weltbild passt – man verlässt das vertraute Terrain. Beispielsweise entfernen Studierende sich mit der neu erlernten Fähigkeit, wissenschaftlich zu arbeiten, vom vermeintlich sicheren Boden des Wissens. Plötzlich wird alles unsicher und ist hinterfragbar. Oder Studierende entfernen sich von ihrem Umfeld, dem Elternhaus, der alten Clique, weil sie als Einzige studieren. Oder aber, ein Beispiel von einem Übergang am Studien-

ende: Ein Studierender schreibt unbewusst seine Abschlussarbeit nicht fertig und sabotiert sich mit immer anderen Ablenkungen und Einwänden, weil nach dem Studium die Arbeitslosigkeit droht.

Sie müssen sich nicht um diese speziellen Lernhindernisse kümmern, sie nicht beheben und sie schon gar nicht therapieren. Aber Sie sollten wissen, dass es sie gibt, und dass diese Dinge den Studierenden selbst oft nicht bewusst sind. So wird vielleicht besser verständlich, wieso sich jemand gegen bestimmte Inhalte sperrt oder wieso jemand, der etwas eigentlich mit links erlernen können sollte, es eben nicht tut.

Abschließend sei hier noch einmal auf These 3 des Doppeldeckers hingewiesen: „Wenn ich offen für meine eigene Entwicklung bin, kann ich anderen besser beim Lernen und bei ihrer Entwicklung helfen." Es geht jetzt also – wenn Sie mögen – auch für Sie selbst darum, den nächsten Schritt zu erkennen.

Stehen Sie beispielsweise am Übergang von der unbewussten zur bewussten Inkompetenz, können Sie blinde Flecken in Bezug auf die Lehre durch Feedback oder Supervision erkennen. Holen Sie sich Zwischenfeedback von den Studierenden, verlassen Sie sich nicht auf die Schlussevaluation. Wenn Sie die Ergebnisse erhalten, ist es für die aktuelle Gruppe und vielleicht sogar schon für die darauffolgende zu spät. Am besten stehen Sie im kontinuierlichen Austausch mit den Studierenden. Darüber hinaus ist Supervision durch andere Lehrende oder das Team der Hochschuldidaktik hilfreich. Vielleicht kann jemand bei Ihnen hospitieren?

Geht es darum, bewusste Kompetenz aufzubauen, setzen Sie sich wiederholt mit jenen Aspekten auseinander, die Sie verändern wollen. Üben Sie und seien Sie gleichzeitig gnädig mit sich selbst. Sprechen Sie auch im inneren Monolog wertschätzend.

Dies sind nur zwei kleine Beispiele. Wahrscheinlich kommt es wenig überraschend, wenn ich Ihnen an dieser Stelle für die eigene Entwicklung ein Coaching ans Herz lege.

## d. Impulse setzen

Für die coachende Arbeit braucht es einen guten Rahmen, den Sie durch Ihre Person maßgeblich prägen. Wie das konkret aussehen kann, lesen Sie hier. Daran schließen sich einige Gedanken zur Auswahl passender sogenannter Interventionen an. Diese binden zum einen den ganzen Menschen und nicht nur die Ratio in das Lernen ein, zum anderen wird der soziale Aspekt des Lernens behandelt.

In diesem Kapitel müssen wir nur noch 1 und 1 zusammenzählen, indem wir die Inhalte aus den Kapiteln zum Zuhören, zum Fragenstellen und zum Erkennen des nächsten Schritts aufeinander beziehen. Es geht nun darum, Studierende in lern- und entwicklungsförderliche Situationen zu bringen. Dass damit nun nicht nur das Lernen von fachlichen Inhalten, also „Stoff", sondern auch das Erlernen von neuen Denk- und Handlungsmustern gemeint ist, sollte deutlich geworden sein.

### Einen guten Rahmen bieten

Zunächst einmal geht es darum, einen guten Rahmen für Lehrveranstaltungen zu schaffen. Das bezieht sich in unserem Zusammenhang nicht auf die Ausstattung der Räume, auf die zeitliche Gestaltung der Lehre oder andere organisatorische Rahmenbedingungen – auch wenn es natürlich hilft, wenn diese angenehm sind. Hier soll es vielmehr um eine Art atmosphärischen Rahmen für die Studierenden gehen, innerhalb dessen sie sich wohlfühlen und sicher fühlen. In einem solchen Rahmen herrscht Vertrauen unter den Beteiligten. Es ist möglich, sich zu öffnen, etwas von sich preiszugeben und Schwächen zu zeigen. Es ist ein Raum des gemeinsamen Denkens, bei dem auch einmal (oder aber auch ständig!) Fehler geschehen. Diese bilden den Ausgangspunkt für weiteres Lernen.

Kurzum: Es ist ein Raum voller Personen und Persönlichkeiten. Sie erinnern sich vielleicht, das lateinische *personare* heißt durchtönen, klingen lassen. In einem solchen Raum zeigen sich die unterschiedlichen Lernenden, sie werden gesehen und gehört.

Was braucht es, um einen guten Rahmen zu schaffen? Allgemeine Merkmale für Situationen, in denen sich nach systemisch-konstruktivistischer Auffassung gut lernen lässt, werden unter dem Stichwort „konstruktivistische Lernarrangements" gebündelt (beispielsweise Konrad, 2018, S. 127 ff.). Als förderlich gelten etwa situiertes Lernen in authentischen Kontexten und auch die aktive, selbstverantwortete Steuerung des Lernens durch die Lernenden. Solche Ansätze kennen Sie vermutlich aus der aktuellen hochschuldidaktischen Diskussion. Für einen vertrauensvollen Rahmen im gerade beschriebenen Sinn benötigen wir allerdings mehr. Arnold nennt dies didaktische

„Schmierstoffe“ für eine sogenannte ermöglichungsdidaktische Lernbegleitung und fasst dies unter dem Akronym HELFEN zusammen (2020, S. 110). Da geht es um positiv besetzte Begriffe wie Heiterkeit, Ermutigung und Leichtigkeit, zudem um Feedback, aber auch um eher unerwartete Begriffe wie Erfolgskontrolle und Nachdruck, die auf den ersten Blick nicht in die Aufzählung zu passen scheinen. Was verbirgt sich hinter den einzelnen Begriffen?

- Heiterkeit
  Hiermit ist jene Art von Heiterkeit gemeint, die zwischen Albernheit und Ernsthaftigkeit angesiedelt ist und die dazu beiträgt, einen angstfreien Raum zu erschaffen. Arnold nennt „Humor, Lebensfreude und Augenzwinkern“ (2020, S. 110), die das Lernen erleichtern, das ja letztlich eine Reise durch unbekannte Wissensgebiete ist.

- Ermutigung
  Lernen ist bekanntermaßen nicht immer einfach und verläuft oft nicht nach Plan, die Lernenden müssen unter Umständen mit Rückschlägen fertig werden. Bei all dem ist es vorteilhaft, wenn sie Unterstützung in Form eines Vertrauensvorschusses erhalten (im Sinne der Doppeldecker-These 8) und ihnen ihre Ressourcen bewusst gemacht werden.

- Leichtigkeit
  Die Gelassenheit der Lehrperson ist von großer Bedeutung, wenn es um die Frage nach Richtig und Falsch geht. Die Studierenden erproben sich in ihrer neuen Fachlichkeit und sollten dabei keine Risiken scheuen müssen, nur weil die Lehrperson sie beurteilt oder vielleicht sogar über sie urteilt. Nehmen Sie es leicht, wenn Fehler passieren oder Irrwege beschritten werden.

- Feedback
  Eine Rückmeldung kann von Lehrenden, aber auch von Mitstudierenden kommen. Sie ist nötig, damit die Lernenden die Auswirkungen ihres Denkens und Handelns erkennen können.

- Erfolgskontrolle
  Das Wort klingt nach Leistungsdruck und Bewertung. Gemeint sind jedoch nicht nur der Kompetenzaufbau und dessen Zertifizierung, sondern auch Erfolgserlebnisse und das damit einhergehende Selbstwirksamkeitsempfinden, also – verkürzt gesagt – es baut sich bei den Lernenden die Annahme auf, dass das eigene Handeln etwas bewirken kann.

- Nachdruck
  Nachdruck meint das bestimmte und wohlwollende Nachfragen einer Lehrperson, wenn Studierende in ihrem Lernprozess gerade nicht vorankommen. Sie merken, dass es jemandem auffällt, wenn sie an einer bestimmten Stelle feststecken.

Wie können Sie die Studierenden wissen lassen, dass sie ein solcher Raum erwartet? Denn eines ist so gut wie sicher: Erwarten tun sie ihn nicht! In meinen Gesprächen mit Studierenden wurde mir eines deutlich: Eine solche Atmosphäre ist keineswegs üblich, sondern eine Ausnahme. Studierende werden beispielsweise selten überhaupt danach gefragt, wie sie lernen möchten, und sind von dieser Frage daher meist erst einmal überfordert. Sie kennen zwar die Formate Vorlesung, Seminar und Übung usw. Es fehlt jedoch an Vorstellungskraft für die vielen Möglichkeiten und Freiräume innerhalb dieser Formate. Gleichermaßen ist es für viele Studierende schwer vorstellbar, dass im Lernprozess Fehler in Ordnung und sogar erwünscht sein könnten. All dies sollten Sie ihnen mitteilen.

Beginnen Sie also bei sich und lassen Sie die Studierenden zunächst wissen und später erleben, welche Art von Lehre Sie gern gemeinsam mit ihnen gestalten wollen. Vorzugsweise vor Semester- bzw. Kursbeginn können Sie einen entsprechenden Text oder ein kurzes Video zur Verfügung stellen. Falls vorhanden, überlassen Sie den Studierenden Ihre Lehrphilosophie (*Teaching Statement*) vorab, sodass sie sich schon einmal damit befassen und sich gedanklich darauf einrichten können (meine Lehrphilosophie finden Sie zur Anschauung auf S. 60). Zusätzlich sollten Sie diese Dinge in der ersten Veranstaltung besprechen, Fragen klären und mögliche Bedenken ausräumen. Nach meiner Erfahrung gibt es übrigens nie ernsthafte Bedenken, sondern eher ungläubiges Staunen („Meinen Sie das wirklich ernst?").

Dieser Einstieg in ein Semester oder einen Kurs bietet sich an, wenn Sie eine Gruppe neuer Studierender übernehmen oder schon seit geraumer Zeit in der Lehre mit den Elementen der coachenden Haltung arbeiten, auch wenn Sie diese vielleicht nicht so benannt haben. Die Studierenden werden Sie und Ihren Stil in Ihren Ausführungen wiedererkennen. Für den Fall, dass die Lektüre dieses Buches Sie zu einem deutlichen Wechsel in der Herangehensweise an die Lehre veranlasst, sind wahrscheinlich ausführlichere Erklärungen nötig, damit Sie für die Studierenden glaubwürdig und überzeugend bleiben. Gleichzeitig könnte dies ein erster Schritt sein, um Ihre eigene Lern- und Entwicklungsreise transparent zu machen (ganz im Sinne der Doppeldecker-Thesen 2 und 3).

### *Vertrauen*

Vertrauen zwischen Personen ist nicht von vornherein gegeben und lässt sich auch nicht erzwingen. Denn die Person, die einer anderen Person das Vertrauen schenkt, geht ein Risiko ein. Sie könnte verletzt werden, wenn ihr Vertrauen missbraucht wird. Es ist daher rein rational betrachtet nur klug, jemandem zu vertrauen, wenn dieses Risiko sehr klein ist oder wenn es sogar etwas zu gewinnen gibt. Es ist nun an Ihnen als Lehrperson, die eine machtvolle Position einnimmt, den Vertrauensaufbau wahrscheinlicher zu machen, indem Sie zeigen, wie klein das Risiko und wie groß der potenzielle Gewinn ist. Darüber hinaus können Sie den Studierenden einen Vertrauensvorschuss geben, sich öffnen und etwas von sich preisgeben. Erzählen Sie etwas von sich, das Sie nahbar macht. Berichten Sie beispielsweise davon, wie Sie einmal im Studium gescheitert sind. Machen Sie Ihre Unsicherheiten und Zweifel transparent.

Damit es Ihnen zu Beginn leichter fällt, empfiehlt es sich, eine Begebenheit zu wählen, die schon etwas länger zurückliegt. So können Sie sich, wenn es Ihnen damit unwohl wird, zur Not darauf zurückziehen, dass Sie in der Zwischenzeit viel dazugelernt haben. Ich erzähle beispielsweise in Kursen zum wissenschaftlichen Arbeiten gern die Entstehungsgeschichte meiner ersten Anglistik-Hausarbeit an der Universität. Die Kurzfassung lautet: Ich habe viel zu spät begonnen, habe nicht gut recherchiert und in der Folge eher unpassende Quellen verwendet. Das Ergebnis war zwar nicht katastrophal, aber sicher auch nicht so, dass es zu meiner beruflichen Tätigkeit passt, denn damals habe ich mich wahrlich nicht mit Ruhm bekleckert. Ich erzähle diese Geschichte, um zu zeigen, dass nicht immer alles von Anfang an perfekt läuft. Ich erzähle sie (zumindest an der Stelle des Kurses) explizit nicht, um die Studierenden gleich einmal darüber zu belehren, dass man doch mit dem Schreiben der Hausarbeit bitte schön frühzeitig anfangen soll. Das kann später immer noch einfließen, wenn es nötig sein sollte. An dieser Stelle geht es um Vertrauensaufbau.

Im weiteren Verlauf der Lehrveranstaltung ist es Ihnen vielleicht sogar möglich, auch aktuelle Unsicherheiten und Verletzlichkeiten zu thematisieren. Hierbei ist etwas Fingerspitzengefühl gefragt, damit nicht Ihr eigenes Risiko durch den Vertrauensvorschuss zu groß wird.

Verlässlichkeit trägt ebenfalls zum Vertrauen bei. Halten Sie Ihre Zusagen und Versprechen ein.

### *Gemeinsames Denken und Fehler machen – ohne Druck*

Worauf ist beim gemeinsamen Denken zu achten? Wie können Sie eine Fehlerkultur etablieren, die dem Lernen zuträglich ist? Es liegt auf der Hand, dass eine wertschätzende Sprache hierfür unerlässlich ist. Alle Beteiligten müssen sich sicher sein können, nicht abgekanzelt oder verlacht zu werden, wenn sie unfertige Gedanken äußern. Sonst sagt schließlich niemand mehr etwas.

Lassen Sie uns an dieser Stelle noch einmal einen Blick auf die Formulierung von Fragen werfen. Viele von uns sind zwar sensibilisiert für die Wirkung ihrer Aussagen beim Feedbackgeben und achten daher bei dieser Gelegenheit besonders auf ihre Worte. Allerdings kommt dem Stellen von Fragen in der Kommunikation, wie Sie bereits wissen, ebenfalls eine große Rolle zu. In der coachenden Haltung sollen Fragen offene Antworten zu Tage fördern und möglichst keinen Druck aufbauen. Aus diesem Grund lohnt sich hier noch einmal eine Vertiefung der obigen Ausführungen zum Fragen.

Das Thema „Druck“ lässt sich – will man es in Gänze erfassen – nicht losgelöst von nonverbalen und paraverbalen Signalen wie Körpersprache und Stimme, also beispielsweise von der Haltung und der Lautstärke, betrachten. Dies würde hier allerdings zu weit führen. In Tabelle 2 finden Sie daher nur Aspekte, die sich auf die Fragen als solche beziehen. In den anschließenden Beispielen sehen Sie, wie Sie den Fragedruck bei Bedarf verringern können.

**Tabelle 2: Zusammenhang zwischen Fragetechnik und Intensität des Drucks**

| | Viel Druck/baut Druck auf | Wenig Druck/mildert den Druck |
|---|---|---|
| Form der Frage | Geschlossene Fragen („Verhör"); Warum-Fragen; eine Häufung zirkulärer Fragen | Offene Fragen |
| Länge des Fragesatzes | Kurze Fragen (7 Wörter gelten als normale Länge, die keinen Druck aufbaut.) | Längere Fragen |
| Struktur der Frage | Kein Einsatz eines Frageträgers vor der eigentlichen Frage | Einleitung durch einen Frageträger und Einbettung in einen größeren Kontext |
| Einbeziehen des Fragenden | „Unpersönliche" Fragen | Verwendung des Personalpronomens („Mich interessiert …", „Ich würde gern wissen …") |
| Pausen zwischen den Fragen | Kurze Pausen zwischen den Fragen | Längere Pausen zwischen den Fragen |
| Sprache | Keine Verwendung von Relativierungen („eigentlich", „irgendwie") | Verwendung von Relativierungen |
| Erlaubnis | Kein Einholen einer Erlaubnis | Einholen von Erlaubnis („Ich würde Sie gern etwas Ungewöhnliches fragen und hoffe, ich darf das.") |

Quelle: in Anlehnung an Patrzek, 2017, S. 31 ff.

***Beispielformulierungen mit unterschiedlichem Druck***

*Situation: Sie lehren in einem kleinen Studiengang – man kennt sich, die Kohorten sind übersichtlich. Eine Studierende, Beate, hat Sie vor einiger Zeit informell als Betreuungsperson für ihre Abschlussarbeit angefragt und Ihnen ihre ersten inhaltlichen Ideen skizziert. Daraufhin haben Sie um ein Exposé gebeten, um das Vorhaben besser einschätzen zu können und über eine Basis für die etwaige Betreuung zu verfügen. Wenige Zeit später haben auch andere Studierende Sie als Betreuerin angefragt, was in der Semestergruppe allgemein bekannt ist. Sie begegnen Beate auf dem Flur und fragen sie nach kurzem Smalltalk:*

1) *„Wann schicken Sie mir das Exposé?"*
*Mit einer so gestellten Frage üben Sie relativ viel Druck aus. Es handelt sich um eine eher kurze Frage und zudem um eine reine Informationsfrage, die sich gut eignet, das Gespräch zu seinem Ende zu führen. In einer Formulierungsvariante mit einem ergänzenden Wörtchen „eigentlich" („Wann schicken Sie mir eigentlich das Exposé?") würde diese vermutlich als weniger hart empfunden.*

2) *Eine inhaltlich andere Richtung wäre: „Woran liegt es, dass Sie das Exposé nicht zeitnah nach unserem ersten Gespräch fertiggestellt haben?"*
*Diese Frage wäre eigentlich dazu geeignet, einen Reflexionsprozess auszulösen. Sie übt allerdings Druck aus, da nach dem Grund für das noch nicht fertige Exposé gefragt wird. Letztlich handelt es sich hierbei um eine Warum-Frage, auch wenn das Wort nicht vorkommt. Wahrscheinlich bekommen Sie Ausflüchte zu hören.*

3) *Sehen wir uns eine dritte Variante an. Sie sagen zu Beate: „Ich benötige Ihr Exposé als Entscheidungsgrundlage. Wie Sie wissen, haben auch andere Studierende mich als Betreuerin angefragt. Was meinen Sie, bis wann Sie es mir schicken können?"*
*Bei dieser Frage sind Sie, wie auch bei Frage 1, vorrangig auf die Sachinformation aus, üben jedoch weniger Druck aus. Dieser Effekt würde sich auch ohne die einleitenden Worte einstellen. Mit dem verwendeten Frageträger, der aus zwei Sätzen besteht und Ihre persönliche Sicht einbringt, geben Sie der Frage einen Kontext.*

4) *Schließlich möchte ich Ihnen noch eine vierte Variante anbieten: „Es bringt mich gegenüber den Studierenden, die mich nach Ihnen angefragt haben, in die Bredouille, dass ich Ihre Anfrage noch nicht entscheiden konnte. Daher würde mich interessieren, mit welcher Intensität Sie an dem Exposé arbeiten?"*
*In den Worten, die hier der Frage vorangehen, machen Sie bereits deutlich, dass die Situation für Sie unschön ist. Dennoch lässt die eigentliche Frage mehr Raum für eine (selbstkritische) Antwort von Beate, weil sie nicht nur auf die Nennung eines Datums abzielt. Somit entsteht weniger Druck. Ebenso trägt zur Milderung des Drucks bei, dass Sie durch das Personalpronomen deutlicher in der Frage erscheinen. Es handelt sich hier übrigens um eine Abwandlung einer Skalierungsfrage.*

*Aber Achtung: Sollte das Verhältnis zwischen Ihnen und Beate angespannt sein, könnte sie diese Frage als versteckten Angriff interpretieren („Sie kommen ja auch nicht in die Gänge!").*

## Die passende Intervention wählen

Es klingt so einfach: „Die passende Intervention wählen“. Ehrlicherweise bedeutet es „die vermutlich für diese Situation und diese Studierenden passende Intervention wählen“.

Unter einer Intervention versteht man eine Maßnahme, die eine Veränderung ermöglichen soll. Allerdings lässt sich nicht vorherbestimmen, welche Intervention zu welchen Auswirkungen führt. Eine Intervention ist ein Impuls im Sinne des systemischen Denkens und determiniert kein bestimmtes Ergebnis. Es handelt sich also eher um ein Testen, welcher Impuls etwas auslöst.

Welche Art von Intervention?

Was in Ihrer Studierendengruppe der nächste Schritt sein könnte, haben Sie mithilfe des vorhergehenden Kapitels schon herausgefunden: Geht es um das Aufdecken blinder Flecken, sind eher Übung und Wiederholung angesagt, oder stehen das Modellieren und Dekonstruieren an?

Hier fragen wir uns nun, auf welche Art und Weise die betreffenden Studierenden weiterlernen sollen. Lassen Sie uns ein paar alte und neue Methoden in den Blick nehmen.

Um Wissen sowie Aufgaben und Musterlösungen zur Verfügung zu stellen, reicht es üblicherweise aus, diese Inhalte auf einem Medium zu speichern und dann das Medium weiterzugeben. Sie können also einen Text, eine Präsentation, ein Video oder was auch immer abspeichern und dies den Studierenden zukommen lassen. Für simple Sachverhalte und gut verständliche Instruktionen genügt ein solches Vorgehen vollkommen. Wahrscheinlich haben Sie die Erfahrung gemacht, dass dies für einige Studierende sehr gut funktioniert und diese sich sogar über diese effiziente Art des Lernens freuen. Für viele Studierende reicht dies jedoch nicht aus. Sie brauchen schon ein wenig mehr, um den nächsten Schritt zu tun.

Was fehlt also? Es geht an dieser Stelle zunächst darum, den ganzen Menschen einzubinden, und zwar durch die Arbeit mit Bildern und mithilfe von schreibenden Zugängen.

Lernen betrifft den ganzen Menschen und darf demnach auch den ganzen Menschen ansprechen und berühren. Die Überbetonung des Rationalen in vielen Studiengängen führt zu einer Reduktion auf das, was von vielen mittlerweile als „das Wesentliche“ angenommen wird. Solange „man den Stoff durchbekommt“, ist die Welt scheinbar in Ordnung. Dass dieser Stoff auch schnell wieder vergessen wird, wird in Kauf genommen.

Wie aber schafft man Erfahrungen in der Lehre, die tiefer verankert und daher später auch wieder abrufbar sind?

### *Die Arbeit mit Bildern*

Die Arbeit mit Bildern bietet hierfür gute Ansatzpunkte, wobei mit dem Wort „Bild" alles gemeint ist, was in irgendeiner Weise bildlich, metaphorisch oder symbolhaft wirkt. Im Bereich des Coachings wird oft mit Bildern gearbeitet, um den Entwicklungsprozess der Coachees zu begleiten. Für die Lehre in der coachenden Haltung eignet sich diese Arbeitsweise ebenso.

Eine erste Variante der Arbeit mit Bildern ist es, diese einfach nur sprachlich einzusetzen und so bestimmte Sachverhalte zu veranschaulichen. Achten Sie dabei darauf, welche Assoziationen das Bild hervorruft. Nicht immer kommen Ihren Zuhörer:innen die gleichen Gedanken und Vorstellungen wie Ihnen. Verschiedene, gleichberechtigte Wirklichkeitskonstruktionen treffen aufeinander. Tauschen Sie sich darüber aus, fragen Sie nach, und vor allem: Hören Sie zu!

Ein Beispiel: Der Lernprozess wird oft mit einem Weg verglichen. Lesen Sie dazu den folgenden Ausschnitt aus einem Interview mit Dr. Eva-Maria Lerche, Dozentin für wissenschaftliches Schreiben:

» **Andrea Klein:** Wenn jemand den bevorstehenden Lernweg als schwierigen und steinigen Weg beschreibt, dann sagt das ja etwas aus.

**Eva-Maria Lerche:** Ich finde, da steckt etwas Wahres drin. Also, ich würde es ergänzen, ich würde z. B. sagen: „Ja, der Weg durch das Studium ist kein leichter, das ist ein steiniger Weg, und ich gebe euch alle Unterstützung dabei, dass ihr diesen Weg meistert ... Ich zeige euch den Weg und sage euch, welche Wanderschuhe ihr einpacken sollt." Ich finde, dann passt es. Denn es ist nicht leicht zu studieren, und ich finde auch nicht, dass ich die Studierenden pampern muss und denen alle Hürden aus dem Weg räumen muss. Ich finde, sie lernen und wachsen daran, dass sie Hürden aus dem Weg räumen. Aber das Entscheidende ist, dass ich, wenn ich sie vom Zehnmeterbrett schubse, vorher sicherstelle, dass unten Wasser drin ist. Und ja, ich sage „Der Weg ist steinig und ich helfe Ihnen aber, den Weg zu gehen." Ich glaube, dann macht es schon Sinn. Aber es nur zu sagen, „Er ist steinig und ich lass euch dabei alleine" – das ist schäbig. «

Das Bild des Weges, der hier den Studierenden als steinig und schwer beschrieben wurde, wird vermutlich nicht gerade Enthusiasmus auslösen. Der Vergleich zielte wohl darauf ab, den Studierenden zu zeigen, dass sie für ihren Studienerfolg etwas tun müssen und dass das Studium kein „Selbstläufer" ist. Allerdings wirkt er eher einschüchternd und dadurch wahrscheinlich sogar demotivierend. Man tut also gut daran, das Bild zu erläutern und dabei „im Bild" zu bleiben, wie im Interview vorgeschlagen mit den Wanderschuhen. Vergleichen Sie einmal die Wirkung der beiden Aussagen:

Aussage 1: „Ihr Studium ist ein steiniger und schwerer Weg, aber wir helfen Ihnen dabei."

Der erste Teil des Satzes erzeugt das Bild des Weges im Gehirn der Zuhörer:innen. Der zweite Teil des Satzes ist sachlich gehalten und wird deswegen vermutlich nicht stark verinnerlicht. Die zweite Aussage fällt gegenüber der ersten hinsichtlich der Intensität und der Überzeugungskraft ab. Was in Erinnerung bleibt, ist ein steiniger und schwerer Weg.

Aussage 2: „Ihr Studium ist ein steiniger und schwerer Weg, aber wir zeigen Ihnen, mit welchen Wanderschuhen Sie ihn am besten bewältigen."

Bei der zweiten Aussage bleiben Sie im Bild und stellen mit der Herausforderung des steinigen Wegs auch gleich eine Lösung in Form von Wanderschuhen in Aussicht. In beiden Satzteilen wird ein Bild verwendet, sie sind in dieser Hinsicht gleichwertig.

In beiden Versionen des Satzes sollten übrigens noch konkrete Aussagen dazu folgen, wie die Hilfe für die Studierenden denn aussehen wird.

Es gäbe außer dem steinigen Weg natürlich auch noch andere, mitunter positiver konnotierte Weg-Metaphern, die man verwenden könnte und die alle ihre besonderen Assoziationen hervorrufen. Ein paar Beispiele: das Studium als Strandspaziergang, als Spaziergang über eine Sommerwiese, als Eislaufkür oder auch als Marathon. Sicher fallen Ihnen zu allen Bildern entsprechende Bezüge und Deutungsmöglichkeiten in positiver und negativer Hinsicht ein. Achten Sie darauf, den potenziell negativen Aspekten durch passende bildhafte Elemente zu begegnen und diese damit aufzulösen.

**Impuls**

Welche Bilder und Vergleiche nutzen Sie bereits in der Lehre? Sind diese komplett stimmig? Fragen Sie dazu verschiedene Personen nach deren Assoziationen.

Welche Inhalte und Abläufe können Sie außerdem mit Bildern veranschaulichen? Beginnen Sie bei den Kerninhalten und Schlüsselelementen Ihrer Disziplin, um deren Bedeutung hervorzuheben.

Eine zweite Variante des Arbeitens mit Bildern neben der sprachlichen Einbindung stellt die Arbeit mit Bildkarten oder Gegenständen dar. Dies bietet sich an, wenn ein bestimmter Begriff von den Studierenden individuell mit Bedeutung aufgeladen werden soll. So können sich die Studierenden in einem Seminar zum Thema „Führung" dem Begriff und ihrem eigenen Verständnis von Führung über die Arbeit mit Bildern oder Gegenständen annähern und dieses besser besprechbar machen. Dazu stellen entweder Sie als Lehrperson eine Vielfalt von Bildern oder Gegenständen zur Verfügung oder aber die Studierenden begeben sich selbst auf die Suche, etwa in Bilddatenbanken. Nach einer Phase des Suchens und Auswählens kommen die Studierenden zusammen und erläutern ihre Wahl. Mit systemischen Nachfragen können Sie weitere, tiefliegende Bedeutungen bewusst machen und neue Gedanken anstoßen. Auf die Bilder können Sie sich zudem im Verlauf des Seminars immer wieder beziehen.

### *Schreibende Zugänge*

Einen weiteren Zugang zum Lernen, der hier auf keinen Fall unerwähnt bleiben darf, bietet das Schreiben in all seinen Varianten. In weiten Teilen des Studiums wird das Schreiben ausschließlich als eine Form der Prüfungsleistung verstanden, indem die Studierenden eine zu bewertende wissenschaftliche Arbeit anfertigen. Das große Potenzial des Schreibens entfaltet sich eher in anderen Arten von Texten: in reflexiven Texten, die nicht bewertet, sondern stattdessen mit Feedback versehen werden. Mancherorts haben derartige Texte in Form von Portfolios den Eingang in die Lehre gefunden. Sogar ohne dass diese Texte von einer anderen Person gelesen werden, bewirken sie etwas, nämlich ein ruhiges Nachdenken und Festhalten von Gedanken.

Weithin bekannt ist mittlerweile die Methode des Freewriting, bei dem man innerhalb eines vorher festgelegten Zeitrahmens von wenigen Minuten schreibend den eigenen Gedanken freien Lauf lässt. Diese Methode hilft sehr gut dabei, sich einem Thema anzunähern und weiterführende Ideen zu entwickeln sowie verschüttete Gedanken aufzudecken. In der Lehre wirkt das aktivierend und kann beinahe zu jedem Zeitpunkt der Veranstaltung genutzt werden. Sie können dabei nicht nur das gerade behandelte oder demnächst anstehende fachliche Thema zum Gegenstand machen, sondern auch Aspekte auf der Meta-Ebene berühren, indem Sie z. B. Fragen dieser Art vorgeben:

- Was brauche ich, um den nächsten Schritt in Bezug auf die Lehrveranstaltung zu gehen?
- Woran würde ich erkennen, dass ich meine wichtigsten Lernziele in Bezug auf die Veranstaltung erreicht habe?

Texte aus dem Freewriting verbleiben im Normalfall bei der Person, die sie verfasst hat. Wenn Sie also vorhaben, die Texte einzusammeln oder im Sinne eines Portfolios verwenden zu lassen, müssen Sie dies auf jeden Fall ankündigen und genügend Zeit für eine Überarbeitung lassen. Sonst wäre der Sinn des Freewriting konterkariert.

Eine mit dem Freewriting verwandte Form des Schreibens sind sogenannte One-Minute-Papers, bei denen die Studierenden am Ende der Lehrveranstaltung kurze Reflexionen verfassen und diese dann (bei Bedarf anonym) der Lehrperson abgeben. Die Fragen beziehen sich hierbei meist direkt auf den konkreten Vorlesungs- oder Seminartermin und könnten lauten:

- Was nehme ich heute mit?
- Wozu möchte ich mehr wissen? Was möchte ich noch klären?

Wenn Sie die Studierenden längere Texte schreiben lassen möchten, benötigt dies natürlich mehr Zeit und eine angepasste Fragestellung. Als ertragreich haben sich Fragen erwiesen, die es ermöglichen, eine Distanz zur aktuellen Situation aufzubauen. Ich gebe manchmal den Studierenden den folgenden Satzanfang vor:

- „Wenn ich in fünf Jahren auf unsere Lehrveranstaltung zurückblicke …".

Diese offene Aufgabe führt zu recht unterschiedlichen Texten, anhand derer ich mir einen guten Überblick verschaffen kann, wie die Studierenden sich jeweils sehen, was sie planen und was sie antreibt. Daraus leite ich meine Hypothesen ab, was sie als nächstes von mir brauchen könnten.

Schreibaufgaben passen hervorragend zur coachenden Haltung. Zum einen können Sie besondere Fragen verwenden, wie jene, die Sie sie den vorhergehenden Kapiteln kennengelernt haben. Diese müssen Ihnen nicht *ad hoc* einfallen, sondern Sie können sie in einer ruhigen Minute vorbereiten. Zum anderen erlauben Ihnen Schreibaufgaben eine besondere Form des Zuhörens: Indem Sie zu einem passenden Zeitpunkt lesen, was die Studierenden geschrieben haben, können Sie in aller Ruhe darüber nachdenken, „mit welchem Ohr" Sie die Aussagen aufnehmen möchten.

Nachdem Sie nun gesehen haben, wie Sie durch die Arbeit mit Bildern und durch Schreibübungen „den ganzen Menschen" in die Lehre holen können, soll es um das Einbinden des Lernens in die Gemeinschaft gehen. Denn Lernen ist immer auch eine soziale Aktivität – sei es, weil das Lernen in Gemeinschaft stattfindet oder weil das Gelernte zu einem späteren Zeitpunkt in die Gemeinschaft eingebracht wird. Das Lernen der Einzelnen berührt mehr als nur das betreffende Individuum, weil dieses Teil eines Systems ist.

So wäre ein erster Ansatz, gelungenes Lernen sichtbar zu machen, sodass mehr als nur eine Person vom Lernprozess profitiert. Eine Person aus der (erweiterten) Gruppe fungiert als Vorbild und lässt andere an ihren Erfolgserlebnissen teilhaben. Sie macht im Sinne Banduras (2012) eine stellvertretende Erfahrung. Solche Vorbilder finden Sie entweder direkt in Ihrer Studierendengruppe oder unter den Alumni und Alumnae der Hochschule. Stellen Sie besonders eindrucksvolle Entwicklungen heraus, entdecken Sie gemeinsam mit den Studierenden, was diese davon lernen möchten. Ermutigen Sie Studierende, ihre Erfolgserlebnisse zu teilen. Es muss übrigens nicht immer eine preisgekrönte Abschlussarbeit sein, die als anregendes Beispiel dient. Es genügt oft auch ein kleiner Aspekt wie etwa eine wohl formulierte Einleitung, die mit dem prägnanten Fazit harmoniert, oder aber auch nur eine einzige klug gestellte Frage in einem Leitfadeninterview.

In der Gruppe als solcher steckt großes Potenzial. Dieses nutzen Lehrende in sehr unterschiedlicher Ausprägung, manche gar nicht und manche intensiv.

Im Folgenden lesen Sie zwei Passagen zum Thema Gruppe aus dem Interview mit Dr. Christiane Henkel, Professorin für Pädagogik an der Theologischen Hochschule Ewersbach und Schreibpädagogin:

### *Das Potenzial der Gruppe*

» **Christiane Henkel:** Ansonsten mache ich schon viel in der Gruppe so, dass es auch eine Bedeutung hat, dass man in der Gruppe da sitzt. Wie gesagt, ich stehe ja nicht so auf Vorlesungen, wo mir dann egal ist, wer mir da eigentlich gegenübersitzt – ob das 5, 20 oder 200 sind –, weil ich nur meinen Stoff abspule. Sondern: Wie kann ich denn die Gruppe und das Potenzial der Gruppe auch immer nutzen für die Lernsituation und für die Erarbeitung der Themen? Für die Mehrperspektivität. Das soll einen Mehrwert haben, wenn wir hier zusammensitzen. Das bedeutet halt Gespräch und Austausch. «

Diese Vorteile bringen allerdings manchmal auch Herausforderungen mit sich, da die Situation umso komplexer wird, je mehr Personen anwesend sind.

### *Der vertrauensvolle Rahmen*

» **Christiane Henkel:** Die Achtung vor der Person und vor der Lebensgeschichte der Person, mit allen Möglichkeiten und Begrenzungen – das ist natürlich in der Gruppe dann wieder viel schwieriger, weil man das ja auch miteinander aushandeln muss und nicht jeder sich da einfach so ausleben kann. Da kommt dann auch wieder dieses Konstruktivistische mit rein. Also jeder sieht die Welt eben anders. Für mich braucht es einen vertrauensvollen Rahmen, um diese verschiedenen Weltsichten tatsächlich auch gut aussprechen zu können, ohne dass jemand eben falsch ist oder nicht so sein darf. Und gleichzeitig geht's um eine Weiterentwicklung – also, so sein dürfen und sich weiterentwickeln. Das sind keine sich widersprechenden Annahmen.

**Andrea Klein:** Du hast jetzt mehrfach gesagt: die einzelne Person sehen mit allem, was sie ist und was sie mitbringt. Ich merke bei mir, wenn ich das in der Lehre mache, dass ich mich immer in diesem Spannungsfeld zwischen Individuum und Gruppe befinde. Manchmal passiert es mir, dass ich den Raum sehr weit für die Individualität aufmache und dann eventuell Erwartungen enttäusche, weil am Ende doch nicht alle so zum Zuge gekommen sind, wie sie sich das vielleicht erhofft haben. Obwohl natürlich von vornherein der Raum viel größer ist als in der klassischen Vorlesung, wo für das Individuum ja im Endeffekt kaum Platz vorgesehen ist. Wie erlebst du das?

**Christiane Henkel:** Ich würde jetzt gerne noch mal nachfragen: Was wird enttäuscht? Weil dann Einzelne irgendwie sehr viel Raum in der Gruppe einnehmen und andere dann nicht so richtig zum Zuge daneben kommen?

**Andrea Klein:** Ja, genau. Also, natürlich versuch ich das auszubalancieren, aber wenn die Zeit knapp wird, gehe ich eher dorthin, wo vielleicht mehrere das gleiche Bedürfnis geäußert haben und lasse andere Punkte dann weg.

**Christiane Henkel:** Okay, also auch bei der Auswahl der Themen und Inhalte. Ich sehe auch eine Spannung zwischen Individuum und Gruppe, die ich auf verschiedene Art und Weise angehe. Wenn es irgend möglich ist, versuche ich immer auch verschiedene Leute miteinander in Kontakt zu bringen. Also in meinen schreibdidaktischen Ausbildungen habe ich versucht, zu vermeiden, dass es so von Anfang an feste Gruppen gibt, so kleine Untergruppen. Sondern habe immer wieder die Gruppe neu zusammengesetzt, damit sie immer wieder auch mit anderen Menschen konfrontiert sind und dabei auch entdecken – einerseits vielleicht, dass Vorurteile abgebaut werden können, aber auch, dass sie sich selbst noch mal anders erklären müssen oder dann auch reflektieren und kennenlernen, wenn sie mit Menschen zusammen sind, die noch mal eher anders sind als sie selbst. Und das fördert auch eine gewissen Toleranz, aber auch eine Öffnung und Neugier für das Fremde. Und das provoziere ich sozusagen, indem ich die Gruppen immer verschieden mische. «

In diesem Auszug sehen Sie sehr gut, wie die Lehrende die Kraft der Gruppe während des Lernprozesses nutzt. Lehre muss sich nicht so oft, wie Sie vielleicht denken, und schon gar nicht ständig auf die Lehrperson zurückbeziehen. Auch sich immer wieder neu durchmischende Gruppen regen Lernprozesse an. Dies muss nicht unbedingt dadurch geschehen, dass der oder die Einzelne dort etwas Neues erfährt, sondern kann auch zustande kommen, weil er oder sie sich in einem neuen Kontext orientieren muss.

Um das Spannungsfeld von Individuum und Gruppe zwar nicht aufzulösen, aber zumindest etwas besser handhabbar zu machen, ist es hilfreich, den Studierenden ihre Individualität so weit wie möglich zuzugestehen. Das bedeutet, dass es vorzugsweise verschiedene Zugänge zu den Inhalten gibt und die Studierenden möglichst frei dazwischen wählen können. Zudem können Sie als Lehrperson auch ein wenig Zeit in den Aufbau der sozialen Struktur stecken. Dies bekommen Sie doppelt und dreifach wieder zurück.

„Individuum" und „Gruppe" müssen kein Widerspruch sein. Wie oben beschrieben ist das individuelle Lernen immer auch ein soziales Lernen. Darüber hinaus entstehen in der Lehre immer wieder auch Gelegenheiten, bei denen das Individuum etwas für die Gruppe tut oder die Gruppe etwas für das Individuum. Es liegt an Ihnen in Ihrer Rolle als Lehrperson, diese Prozesse zu moderieren und darauf hinzuweisen, dass sich etwaige „Ungerechtigkeiten" bei genauerem Hinsehen als weniger wichtig erweisen als zunächst angenommen.

## Die Zeit nach der Intervention

Mehrfach haben Sie in diesem Buch schon gelesen, dass eine Intervention kein vorhersagbares Ergebnis liefern wird. Die Auswirkungen einer bestimmten Frage oder Übung ist für Sie oft gar nicht erkennbar, manchmal kommt sie stark zeitversetzt, vielleicht auch nie. Ihre Aufgabe besteht darin, diesen Umstand auszuhalten.

Eine Intervention trägt das Potenzial, das Gegenüber zu irritieren und den Aufbau einer veränderten Wirklichkeitssicht anzustoßen. Das fühlt sich nicht immer gut an, sondern stört und beunruhigt vielmehr (daher auch der Fachbegriff „Perturbation", also Störung).

Damit aus der Offenheit und Neugier der Studierenden keine Ablehnung wird, sollten Sie anstreben, deren System nur so weit zu irritieren, dass das Neue noch anschlussfähig an das Bestehende ist. Gehen Sie behutsam vor.

Sind Sie enttäuscht, dass wir schon am Ende des Kapitels angelangt sind und Sie so wenige konkrete Lehrideen erhalten haben? Für eine Enttäuschung, finde ich, hätte eine Täuschung vorausgehen müssen, und das ist hier nicht der Fall. Gleich zu Beginn habe ich im Vorwort darauf hingewiesen, dass ich die Arbeit an der eigenen Haltung sowie an der Haltung gegenüber den Studierenden und der Haltung gegenüber der Lehre für wesentlicher halte als weitere Didaktik-Tools. Auch am Anfang des Kapitels „Schritte auf dem Weg zur coachenden Haltung" habe ich klargestellt, dass man nicht zu einem Werkzeugkoffer greifen kann, um die coachende Haltung schnell und ein- für allemal aufzubauen. Ich habe Sie also nicht getäuscht.

Ein Vorschlag:
Beobachten Sie eine Zeit lang Ihre Lehre.

- Welche Veränderungen, und seien sie auch noch so klein, bemerken Sie an sich beim Zuhören? Welche beim Stellen von Fragen?
- Welche Veränderungen zieht dies bei den Studierenden nach sich, wie wirkt sich das auf das Klima in den Lehrveranstaltungen aus? Was würden Außenstehende über das Damals und das Heute sagen?

- An welcher Stelle konstruieren Sie ein System (mit), das Ihnen selbst gar nicht gefällt? Welche Freiräume könnten Sie finden, um dies zu ändern?
- Welche Rolle spielte früher und spielt jetzt die Freude beim Lehren, welche soll sie in Zukunft spielen?

# 5. Grenzen in der Arbeit mit einer coachenden Haltung

Nicht alle Probleme und nicht alle Menschen sind coachbar; manchmal braucht es andere Unterstützungsformate. Gleichermaßen sind nicht alle Situationen in der Lehre in einer ausschließlich coachenden Haltung gut zu bearbeiten. In diesem Kapitel erfahren Sie, wie Sie damit umgehen können.

In den vorangegangenen Kapiteln haben Sie die Grundlagen der coachenden Haltung und deren konkrete Anwendung kennengelernt. Sie haben vielleicht sogar schon überlegt, welche Änderungen Sie in Ihrer Lehre vollziehen möchten. Bestimmt haben Sie an der einen oder anderen Stelle im Buch auch gedacht, dass es Situationen an der Hochschule gibt, für die eine coachende Haltung *von vornherein* nicht geeignet ist. Damit meine ich nicht das Abwägen zwischen Elementen der Wissens- und der Prozessberatung in einer konkreten Lehr- oder Beratungssituation, sondern vielmehr das Abwägen, ob man selbst als Lehrperson sich des Anliegens bzw. Problems bestimmter Studierender überhaupt annehmen sollte oder eben lieber nicht. Es handelt sich hierbei vor allem um die beiden Phänomene „nicht coachbare Probleme" und „nicht coachbare" Studierende". An diesen Stellen werden Sie auch mit einer coachenden Haltung nicht weit kommen.

Erstens treten immer wieder bei Studierenden nicht coachbare Probleme auf, die mitunter auch sehr privat sind. Das können psychische Probleme wie etwa Depressionen oder kritische Lebenslagen der Studierenden sein, beispielsweise Gewalterfahrungen oder Abhängigkeit von Substanzen. Obwohl diese Situationen auf das Lernen der betroffenen Person Auswirkungen haben, können Sie nicht die Verantwortung dafür übernehmen. Sie sind nicht dafür ausgebildet (Fachpersonen aus der Psychologie, Sozialpädagogik und verwandten Bereichen ausgenommen), psychische Probleme zu diagnostizieren oder gar zu behandeln. Ebenso wenig sollten Sie aktiv versuchen, eine Änderung der Lebensumstände Ihrer Studierenden herbeizuführen, und sei es auch noch so unterstützend gemeint. Selbst wenn Sie vom Fach wären, hätten Sie noch lange keinen Auftrag für einen solchen Eingriff in das Leben der Person.

Mit einer coachenden Haltung richten Sie hier also ebenso wenig aus wie mit „echtem Coaching". Überlassen Sie dieses Feld den Profis aus dem therapeutischen Bereich.

Zurück zu Ihnen. Vielleicht würden Sie als Lehrperson auch lieber gar nichts von diesen Lebenslagen der Studierenden wissen wollen. Aber gerade wenn Sie Ihren Studierenden mit aufrichtigem Interesse und in einer coachenden Haltung begegnen sowie ihnen ehrlich zuhören, bauen Sie im Laufe der Zeit eine vertrauensvolle Beziehung auf, und es bleibt nicht aus, dass Sie auch solche Informationen erhalten. Wie nun also damit umgehen? Unter der Prämisse, dass in Ihrem System mit den Studierenden die Handlungen einen Zusammenhang aufweisen und sich wechselseitig bedingen, ist von allzu großer und vor allem dauerhafter Rücksichtnahme abzuraten. Denn damit würden Sie provozieren, dass der unerwünschte Zustand (die psychische Erkrankung, die Lebenslage) aufrechterhalten wird. Wenn Sie aus wohlmeinender Rücksicht oder aus Mitleid zum Beispiel immer wieder Fristen verlängern oder bei der Bewertung von Prüfungsleistungen „ein Auge zudrücken", erfährt das persönliche System der betreffenden Studierenden keinen Impuls zur Veränderung und bleibt stabil im unerwünschten Zustand. Zeigen Sie den betreffenden Studierenden besser, bei welchen Beratungsstellen an der Hochschule oder außerhalb sie Hilfe erhalten können.

Zweitens gibt es auch „nicht coachbare Studierende". Die Wortwahl impliziert, dass diese Studierenden generell für Coaching (noch) nicht empfänglich sind. Es handelt sich also nicht um den fehlenden Willen, sich in einer bestimmten Situation auf Fragen und Impulse einzulassen, sondern um eine in der Entwicklung begründete Barriere. Über Entwicklungsprozesse im Erwachsenenalter sind die wenigsten Menschen informiert (wenngleich die Entwicklungspsychologie einige vielversprechende Ansätze bereithält, vgl. Klein 2022). Sicher kommen Ihnen aber manche Studierende reifer vor als andere. Jene Studierenden wirken erwachsener und reflektierter, mit ihnen kann man besser sprechen. Mit dem tatsächlichen Alter hat das manchmal erstaunlich wenig zu tun, obwohl natürlich ein gewisser Zusammenhang besteht.

Für ein echtes Coaching (im Vergleich zur Lehre mit coachender Haltung) sollten seitens des Coachees, also der zu coachenden Person, mindestens die folgenden Voraussetzungen gegeben sein: Freiwilligkeit, Selbstverantwortlichkeit und intakte Selbststeuerung. Das bedeutet, dass die Coachees freiwillig am Coaching teilnehmen und ihren Teil zur Verbesserung ihrer Situation beitragen möchten. Darüber hinaus verfügen sie über eine intakte Selbststeuerung.

Auch in der Lehre in der coachenden Haltung haben Sie es leichter, wenn ein Großteil der Gruppe aus coachbaren Studierenden besteht. Anderenfalls braucht es aller Erfahrung nach eher ein paar klare Ansagen von Ihnen, damit die Zusammenarbeit funktioniert.

Entlang der drei Voraussetzungen Freiwilligkeit, Selbstverantwortlichkeit und intakte Selbststeuerung lässt sich natürlich trefflich streiten, inwiefern die Studierenden freiwillig an Ihrer Lehrveranstaltung teilnehmen, gerade wenn es sich um ein Pflichtmodul handelt. Allerdings haben sie ja aus freien Stücken ein Studium aufgenommen und müssen damit rechnen, dass etwas Anstrengung zur Bewältigung desselben nötig ist. Hinsichtlich der Selbstverantwortlichkeit stelle ich manchmal fest, dass insbesondere in den ersten Semestern ein wenig Arbeit nötig ist, um das schulische Denken durch ein studentisches Denken zu ergänzen. Von einer intakten Selbststeuerung dürfen Sie nur bei einem Großteil der Studierenden, längst aber nicht allen ausgehen. Wie oben beschrieben, können therapiebedürftige Probleme oder belastende Situationen gegeben sein, ohne dass Sie es wissen.

Alles in allem führt mich diese Konstellation zu dem Schluss, dass die Lehre in der coachenden Haltung sehr gut möglich ist, da ein Großteil der Studierenden dafür empfänglich ist und sehr davon profitiert. Und jene, die nicht unmittelbar einen Gewinn daraus ziehen, nehmen ziemlich sicher keinen Schaden, sondern werden zu einem späteren Zeitpunkt und vielleicht auch erst rückblickend entdecken, was sie in diesem Moment noch nicht wahrnehmen und verstehen konnten.

## Grenzen der coachenden Haltung in der Lehre

Auch wenn Sie beim Lehren in der coachenden Haltung anders als beim Coaching nicht über Wochen hinweg jeweils eine Stunde mit einer einzelnen Person arbeiten, spüren Sie die Auswirkungen der fehlenden Empfänglichkeit für Coaching. Sie werden auf Unverständnis treffen, auf Kopfschütteln, vielleicht sogar auf Ablehnung. Lassen Sie sich dadurch nicht gleich entmutigen. Je nach der Konstellation in der Gruppe profitieren auch diese Studierenden von Ihrer coachenden Haltung, weil sie sich mit unerwarteten Impulsen auseinandersetzen und sehen, wie ihre Mitstudierenden diese aufgreifen.

Im Zusammenhang mit der so genannten Komplementärberatung (Kap. 3c) haben sich schon Situationen angedeutet, bei denen Sie mit einer coachenden Haltung wahrscheinlich wenig Akzeptanz finden und auf wenig Gegenliebe stoßen. Eine (direktive) Beratung ist manchmal genauso erwünscht wie sinnvoll, etwa wenn es um einfache und eindeutige Anliegen geht. Diese lassen sich auf der Sachebene gut und zügig klären – aber auch nur, wenn wirklich alle Beteiligten sich darüber einig sind, dass es sich um ein einfaches und eindeutiges Anliegen handelt! Wenn im Seminar beispielsweise die Frage offengeblieben ist, ab wann ein bestimmtes Aufgabenblatt für die Studierenden verfügbar ist, ist diese Frage durch das Angeben eines Datums natürlich schnell beantwortet.

Anders verhält es sich, wenn Studierende eine Beratung mit klaren Ansagen, also eigentlich eine Auskunft, erwarten, Sie selbst aber von der Sinnhaftigkeit eines solchen Vorgehens nicht überzeugt sind. Aus der weiter oben bereits geschilderten Erwartung mancher Studierender „Ich weiß nichts – sagen Sie mir, was richtig ist." resultiert unter Umständen ein gewisser Druck auf Sie, nun eben doch schnell „die richtige Antwort" zu liefern, um den weiteren Verlauf der Lehrveranstaltung oder des Beratungsgesprächs nicht zu behindern. Zudem piekst eine derart vorgetragene Frage das Expertentum der Lehrperson an.

Sie müssen nun natürlich nicht jede Erwartung von Studierenden bedienen, sondern können sie auch hinterfragen und sie zunächst auf der Meta-Ebene bearbeiten. Dies erscheint deutlich vielversprechender, als direkt auf der Sachebene einzusteigen.

Ein Beispiel:

*In der Seminargruppe baut sich sanfter Widerstand gegen das Lektürepensum bzw. die Auswahl der Texte auf. Es ist für die Studierenden unverständlich, wieso sie zwei Texte zum gleichen Thema lesen sollen.*

*Studierende: „Wir haben bei unseren Seminarmaterialien zu dem gleichen Thema einen Text von Brunner und einen von Herbiger. Welcher ist denn nun besser?“*

Natürlich können Sie nun aus Ihrer Expertise heraus darlegen, welcher Text in welcher Hinsicht der bessere sein könnte: „Brunner vertritt … Herbiger hingegen legt den Fokus auf … Auf der Grundlage des aktuellen Stands der Forschung komme ich zu dem Schluss, dass …“. Mit ein wenig Glück bleibt bei den Studierenden hängen, dass Sie nicht einfach nur einen Namen genannt, sondern die Frage ausdifferenziert haben, bevor Sie Ihre Schlussfolgerung gezogen haben. Durch diese Vorgehensweise ändert sich aber gerade nicht die grundsätzliche Haltung gegenüber Ihnen als Fachperson und Träger:in von Wissen. Sie haben die Ihnen gestellte Frage aus Ihrer Expertise heraus beantwortet. Bei künftigen Fragen wird man sich also wieder an Sie wenden.

Sie könnten in Ihrer Antwort auch argumentieren, dass beide Texte gemeinsam gelesen eine neue Perspektive auf das behandelte Thema eröffnen. Damit sorgen Sie mitunter sogar für das eine oder andere Aha-Erlebnis in der Seminargruppe. Die Studierenden erkennen vielleicht: „So gehen wir in unserer Disziplin also an Texte heran, es gibt nicht unbedingt den besten Text für ein Thema.“ Auch hier gilt allerdings: Sie haben die Frage aus Ihrer Expertise heraus beantwortet. In diesem Fall haben Sie dabei zumindest die Prämisse herausgefordert, dass ein besserer und ein schlechterer Text vorliegen müsse. Den Studierenden eröffnet sich so immerhin die Chance, ihr Schwarz-Weiß-Denken zu hinterfragen. An manchen Studierenden wird diese Chance jedoch im wahrsten Sinne des Wortes spurlos vorüberziehen. In ihrer Erinnerung bleibt eine Dozentin zurück, die auch keine eindeutige Antwort kannte, außer dass man eben beide Texte lesen müsse.

Es ist zu vermuten, dass Sie mit coachenden Fragen einen nachhaltigeren Erfolg erzielen. Wenn Sie dabei allerdings auf der Sachebene mit solchen Fragen ansetzen (z. B. „Woran würde denn ein Experte erkennen, ob der Text von Brunner oder der Text von Herbiger besser ist?“), stoßen Sie je nach Stimmung in der Seminargruppe erneut auf Widerstand, und die Studierenden antworten: „Sagen Sie es uns doch einfach, Sie sind hier schließlich die Expertin!“

Steigen Sie hingegen auf der Meta-Ebene ein, ergäbe diese Antwort mit Bezug auf Ihre Expertise keinen Sinn. Ihre Antwort – oder besser: Ihre Rückfrage – auf der Meta-

Ebene könnte beispielsweise lauten: „Ah, das ist interessant. Sie fragen mich nach dem besseren der beiden Texte. Das bedeutet, dass Sie glauben, dass es hier eine feste und gut erkennbare Abstufung gibt. Das würde mich einmal interessieren, wie Sie zu der Annahme kommen.“ In der Folge entspinnt sich wahrscheinlich eine Diskussion über die Qualität von Texten und die Kriterien, anhand derer man Qualität erkennen kann. Das Konstrukt der Studierenden, dass ein Text *per se* besser als der andere ist, verflüssigt sich.

Sie sehen, die Grenzen der coachenden Haltung lassen sich auflösen, wenn man eine passende Ebene der Bearbeitung wählt. Dabei ist es wichtig, nicht nur zwischen der klassischen Herangehensweise und der coachenden Haltung zu unterscheiden, sondern – wie im Beispiel gezeigt – sich bei der Arbeit in der coachenden Haltung von der reinen Sachfrage zu lösen und die Meta-Ebene zu suchen.

## Grenzen der coachenden Haltung bei der Begutachtung studentischer Arbeiten

Das Spannungsfeld zwischen der coachenden Haltung und dem Begutachten studentischer Arbeiten ist ein ganz besonderes.

Schon den Wechsel von der klassischen (nicht coachenden) Betreuung von Studierenden beim Anfertigen ihrer Arbeiten zum Begutachten eben dieser Texte empfinden viele Dozierende als äußerst schwierig. Unter einer klassischen Betreuung verstehe ich hier die oft praktizierte Abfolge von einer Vorbesprechung und einer oder mehreren Abstimmungen zu Zwischenergebnissen, die sich überwiegend auf der Sachebene abspielt. Dabei geht es meist um die Themenfindung und -eingrenzung, die vorläufige Gliederung und Beratung bei der Methodenwahl und -durchführung. Nur am Rande kommen Probleme bei der Zeitplanung zur Sprache, denen oft eher Probleme aufgrund von Prokrastination und Motivationsmangel zugrunde liegen.

Lehrende, die mit einer coachenden Haltung lehren, genießen oft ein besonderes Vertrauen der Studierenden. Der Wechsel zum Begutachten und damit zum Beurteilen scheint daher erst einmal nicht stimmig zu sein. Eben noch war die Lehrperson am Fortkommen der Studierenden interessiert und hat zugehört, gefragt und Impulse gegeben. „Plötzlich“ gibt nun die gleiche Person eine Note und damit eine Art Urteil ab, das für die nächsten (Karriere-)Schritte durchaus von Bedeutung ist. Das ist zwar im Gesamtablauf so vorgesehen, von vornherein bekannt und dadurch erwartbar, kommt aber dennoch irgendwie abrupt und verändert – zumindest vorübergehend – die Beziehung zwischen den Beteiligten.

Mit einer rein coachenden Haltung kann die Notengebung nicht gelingen. Das würde tatsächlich nur funktionieren, wenn alle Beteiligten systemisch denken und im Hochschulsystem der Stellenwert von Noten neu definiert würde. Aktuell würde das nicht zum Ziel – einer endgültigen und belastbaren Note – führen, wenn statt Korrekturanmerkungen etwa Fragen wie „Nehmen Sie einmal an, Sie hätten in Kapitel 4 argumentiert, dass … Wie würde eine Fachperson das beurteilen?“ im Gutachten stünden.

Jetzt sind abschließende Aussagen gefordert, keine Fragen. Das ist der Unterschied zwischen summativem und formativem Feedback. Was Sie bis dahin in der Lehre und in der Beratung gemacht haben, war formativ – Sie haben Rückmeldung gegeben, die eine Verbesserung anstoßen soll. An dieser Stelle geht es nun aber um die abschließende Bewertung der Arbeit. Sobald Sie für sich diesen gedanklichen Wechsel vollzogen haben, können Sie ihn auch den von Ihnen betreuten Studierenden transparent machen. Sprechen Sie bei Bedarf dieses Thema bei der Abgabe der Arbeit oder spätestens bei der Mitteilung der Note an. Lassen Sie die Studierenden wissen, dass Sie bewusst mit dieser Situation umgehen und zu gegebener Zeit auch wieder in eine coachende Haltung zurückkehren (wie auch immer Sie diese dann nennen möchten).

# 6. Entwicklung? Entwicklung!

Dieses letzte Kapitel ist der Entwicklung, einem zentralen Aspekt von Bildung, gewidmet. Dabei geht es nicht nur um den Stellenwert von Entwicklung in der Lehre, sondern vor allem um Ihre eigene Entwicklung.

Abschließend möchte ich eine der zehn Doppeldecker-Thesen noch einmal besonders herausstellen, nämlich These 3: „Wenn ich offen für meine eigene Entwicklung bin, kann ich anderen besser beim Lernen und bei ihrer Entwicklung helfen."

Damit möchte ich dieses Buch beschließen und zugleich für Sie eine weitere gedankliche Anschlussmöglichkeit und Perspektive zum Weitermachen eröffnen.

Oben habe ich bereits beschrieben, dass Lehrende eine Vorbildfunktion innehaben. Jemand, der von sich selbst glaubt, dass die eigene Entwicklung abgeschlossen sei, wird die Studierenden nicht sonderlich zu lebenslangem Lernen inspirieren und auch nicht ihre Bereitschaft zur Entwicklung fördern. Angesichts der sich schnell wandelnden Welt scheint ein (unreflektierter, unabsichtlicher) persönlicher Stillstand jedoch wenig sinnvoll, weil es so kaum gelingen wird, sich an neue Rahmenbedingungen anzupassen, geschweige denn sie mitzugestalten.

Wie Sie als Lehrende also auf Ihre eigene Entwicklung sehen, ist mitnichten Privatsache. Es hat Auswirkungen. Sprechen Sie offen über Ihre Entwicklung. Schreiben Sie darüber. Machen Sie sie für Studierende und Kolleg:innen sichtbar!

!

**Wichtig**

Lehrende haben nicht nur einen Lehrauftrag, sondern auch einen Entwicklungsauftrag.

Dieser Entwicklungsauftrag bezieht sich auf die Arbeit mit den Studierenden und lässt sich (mit ein paar Einschränkungen) aus den entsprechenden Dokumenten des Akkreditierungsrats und des Wissenschaftsrats ableiten (ausführlicher hierzu Klein, 2022 und Klein & Gröpler, 2022). Ein Studienangebot, das etwa den Anforderungen des Wissenschaftsrats genügen möchte, muss drei zentrale Dimensionen berücksichtigen, die in den „Empfehlungen zum Verhältnis von Hochschulbildung und Arbeitsmarkt" genannt werden: „(Fach-)Wissenschaft, Persönlichkeitsbildung und Arbeitsmarktvorbereitung" (Wissenschaftsrat, 2015, S. 7). Die Verwendung der Begriffe „Persönlichkeits*bildung*“ und „Persönlichkeits*entwicklung*“ werden in dem Dokument zwar unterschieden, dabei jedoch nicht konsistent verwendet. Konkreter lässt sich ein Entwicklungsauftrag aus der Forderung des Wissenschaftsrats ablesen, dass die Studierenden durch ein Hochschulstudium in die Lage versetzt werden sollen, „ihre individuellen (Weiter-)Bildungs- und Erwerbsbiographien erfolgreich zu gestalten“ (2015, S. 7). Allein durch eine inhaltliche Vorbereitung der Studierenden auf die Zeit nach dem Studium kann dies in der VUCA-Welt kaum interpretiert werden (s. auch Kapitel „Gute Lehre“ und die dort beschriebenen Future Skills nach Ehlers). Insbesondere die Selbst- und die Reflexionskompetenz sind anschlussfähig für eine entwicklungsorientierte Bildung. Ehlers meint mit Selbstkompetenz „die Fähigkeit, eigene persönliche und berufliche Entwicklung weitgehend unabhängig von äußeren Einflüssen zu gestalten“ (2020, S. 70), mit Reflexionskompetenz die „Bereitschaft und Fähigkeit zur Reflexion, also die Fähigkeit, sich selbst und andere zum Zweck der konstruktiven Weiterentwicklung hinterfragen zu können sowie zugrundeliegende Verhaltens-, Denk- und Wertesysteme zu erkennen und deren Konsequenzen für Handlungen und Entscheidungen holistisch einschätzen zu können.“ (Ehlers, 2020, S. 72).

Die jüngsten Empfehlungen des Wissenschaftsrats (2022) zur zukunftsfähigen Ausgestaltung von Studium und Lehre sind kurz vor der Drucklegung meines Buches erschienen. Die Publikation halte ich für wegweisend, weil nicht nur die Bedeutung der Lehre betont wird, sondern gleichzeitig Gestaltungsspielräume für eine grundlegende Neuausrichtung der Lehre eröffnet werden. An vielen Stellen wird der systemische Blick deutlich, und die Persönlichkeitsentwicklung der Studierenden nimmt mehr Raum ein als bisher. Die Denk- und Herangehensweisen, die Sie bei der Lektüre meines Buches kennengelernt haben, werden Ihnen sicher helfen, den vom Wissenschaftsrat skizzierten Weg mitzugehen oder sogar als Vorbild für andere vorauszugehen!

Interessanterweise scheint die Entwicklung der Studierenden vielen Lehrpersonen von Anfang an wichtig zu sein. Frage ich Lehrende nach ihrer Motivation, antworten etliche, dass sie nicht nur in die Lehre gegangen sind, um Inhalte zu vermitteln oder Begeisterung für ein Fach zu wecken, sondern eben auch um junge Menschen voranzubringen und deren Entwicklungen anzustoßen. Wenn Sie einmal im Kreis der Kolleg:innen herumfragen, erhalten Sie vermutlich ähnliche Antworten.

Es mag sein, dass gerade ein neues Paradigma entsteht, dass die Kompetenzorientierung so ablöst und in sich aufnimmt, wie diese damals die Wissensorientierung ablöste und in sich aufnahm. Hierzu erscheint fast zeitgleich mit dem vorliegenden Buch der erste Band einer dreiteiligen Reihe zu entwicklungsorientierter Bildung (Burk & Stalder, 2022). Darin wird die die Idee erprobt, ob diese Sichtweise helfen kann, Bildung so zu gestalten, dass sie der sich wandelnden Gesellschaft gerecht wird. Entwicklungsorientierte Bildung gelingt am besten, so viel kann man jetzt schon behaupten, wenn sie durch professionell angeleitete Reflexion begleitet wird. Wo ein wertschätzender Umgang gepflegt wird, wo Menschen einander zuhören, sich kluge Fragen stellen und Irritationen auslösen und aushalten können, kurzum wo eine coachende Haltung gepflegt wird, wird Entwicklung wahrscheinlicher.

### *Ihr persönlicher nächster Schritt*

Was mag wohl Ihr persönlicher nächster Schritt sein?

Im Vorwort hatte ich zwei Arten von idealtypischen Lehrenden beschrieben, die „Zufriedenen auf der Suche nach Mehr" und die „Unzufriedenen auf der Suche nach Hoffnung". Vielleicht haben Sie sich ja in der Darstellung der einen oder der anderen Gruppe wiedergefunden. An der Stelle würde mich nun sehr interessieren, was die Lektüre des Buches bei Ihnen bewirkt hat. Gern können Sie mir eine Nachricht schreiben, darüber würde ich mich sehr freuen!

Meine Mutmaßungen sind die folgenden:

- Wenn Sie von vornherein nach Möglichkeiten zur persönlichen Entwicklung gesucht haben, konnten Sie durch das Kennenlernen der coachenden Haltung einen großen Schritt zu noch mehr Freude in der Lehre machen. Für Sie geht es jetzt ans Umsetzen und vor allem um das Dranbleiben.
- Wenn Sie vor der Lektüre des Buches in Bezug auf die Lehre unzufrieden, genervt und verärgert waren, haben Sie hoffentlich durch die coachende Haltung einen möglichen Weg gefunden, um die Studierenden besser zu verstehen und letztlich auch besser zu erreichen.

An dieser Stelle schiebt sich vielleicht ein zunächst einmal unangenehmer Gedanke in den Vordergrund: Wie kann ich – als kleines Rädchen im großen System Hochschule – eine Veränderung bewirken? Geht das überhaupt? Mit Thomas Keppler, Motivationsprofiler & Change-Begleiter, habe ich über das Verhältnis von Individuum und System gesprochen.

» **Andrea Klein:** Wer oder was sollte sich ändern, damit wieder mehr Freude in der Lehre herrscht – oder überhaupt Freude in der Lehre aufkommt?

**Thomas Keppler:** Das ist eine sehr simple Frage. Wenn ich davon ausgehe, dass ich mich nur selber ändern kann, ist die Frage schon beantwortet … also – ich. Also jeder selber. Ich bin da, ehrlich gesagt, nicht so ein Fan davon: Ja, ich könnte das System ändern, […] aber bis wir so ein System ändern, vergehen wahrscheinlich Jahrzehnte, weil aus meiner Sicht natürlich auch viele Leute keine Motivation verspüren, was zu verändern. Wozu auch? […] Wenn ich im Kleinen anfange, funktioniert es auf das Große gesehen. Das Große zu drehen, da bin ich mittlerweile, aus meiner Perspektive, glaube ich, realistisch: Das funktioniert eh nicht.

**Andrea Klein:** Das finde ich spannend. Du sagst also: „Das ist total simpel! *Ich* muss mich verändern!"

**Thomas Keppler:** Das ist ja für mich das Coole, auch im Coaching […]. Also, ich kann Menschen motivieren, aber wenn jemand gar nicht will, ist es vertane Liebesmühe. Das ist auch nicht mein Job. Das macht es, finde ich, auch als Lehrende manchmal sehr schwierig. Wenn ich jetzt z. B. das Thema Präsentationstechnik aufgreife, dann frage ich: „Ja, und, was ist dein Ziel, dein Wunsch für die Vorlesung?" Manchmal kommt da gar nix, weil die sagen, „So was fragt mich sonst keiner …" *lacht* … Und „Ich lass es halt mal auf mich zukommen", dann ist das ja schon mal gut. […]

**Andrea Klein:** Möchtest Du zum Abschluss noch etwas sagen? Irgendwas, was ich nicht gefragt habe, was aber wichtig wäre?

**Thomas Keppler:** Das ist für mich vielleicht der letzte Punkt: Also, wenn's keinen Spaß mehr macht, im Coaching, im Training, in der Lehre, dann ist es Zeit, etwas anderes zu machen, glaube ich. Also auch, wenn ich theoretisch damit Geld verdiene, aber nichtsdestotrotz glaube ich, dann macht es keinen Sinn, weil ich dann auch nicht mehr gut in meiner Performance sein werde. Dann bin eher Schauspieler – das geht bestimmt auch bis zu einem gewissen Grad. Aber ich glaube, das macht keinen Sinn. […] Das ist vielleicht auch ein wichtiger Punkt bei der Lehre, dass man da letztendlich auch wieder sehr flexibel ist. Also … muss ich jetzt acht Stunden Präsenzvorlesung machen, wo gar kein Sinn drin ist? Oder kann ich es auch einfach anders machen? Für mich geht es da einfach mehr darum, neue Systeme zu etablieren … Einfach auch zum Testen. […] «

Sie haben es selbst in der Hand. Die eigene Entwicklung darf und sollte bis zu einem gewissen Punkt sogar bewusst gesteuert werden. Greifen Sie dazu auf die Herangehensweisen zurück, die Ihnen bisher auch weitergeholfen haben. Für viele ist das Reflexion in Form von Aufzeichnungen in einem (Lern-)Tagebuch. Vielen hilft auch die Verbindlichkeit einer Gruppe mit ähnlichen Zielen.

Generell könnten Sie wie folgt vorgehen:

1. Nehmen Sie sich noch einmal die Schritte in Kapitel 3c vor. Dort habe ich Punkte genannt, an denen Sie ansetzen können, nämlich die Auseinandersetzung mit dem eigenen Menschenbild, die Auseinandersetzung mit dem eigenen Verständnis von Lehre, die Rollenklärung sowie das Hinterfragen von Denkmustern. Welcher davon scheint Ihnen für Sie in diesem Moment am besten geeignet?
2. Wählen Sie dann eine der Fähigkeiten, die ich in Kapitel 4 beschrieben habe: Zuhören, Fragen stellen, den nächsten nötigen Schritt erkennen und Impulse setzen. Versuchen Sie nicht, alles auf einmal anzugehen. Besser ist es tatsächlich, sich den Dingen nach und nach zu widmen, um sich nicht zu überfordern.

Geben Sie sich Zeit für diese Veränderungen. Es kann Monate oder Jahre dauern, in die coachende Haltung hineinzuwachsen. Sie erschließen sich immerhin einen neuen und ziemlich großen Handlungsspielraum, der sich von Ihrem bisherigen unter Umständen stark unterschiedet. Das geht nicht über Nacht.

Im Fall von Rückschlägen beim Umdenken und Neudenken seien Sie gnädig mit sich selbst. So etwas ist ganz normal. Sobald Sie merken, dass Sie in Ihr altes Denken zurückfallen, überprüfen Sie noch einmal Ihre Annahmen. Die ABCDE-Kette als geeignetes Instrument kennen Sie nun.

Als kleine Gedankenstütze können Ihnen die Doppeldecker-Thesen dienen. Wählen Sie diejenigen aus, die Ihnen am meisten zusagen, und bringen Sie sie gut sichtbar in Ihrer Umgebung an. Das kann eine Haftnotiz am Badezimmerschrank sein oder eine Erinnerung auf Ihrem Sperrbildschirm. Lassen Sie Ihre Fantasie ein wenig spielen. Ihnen fallen sicher ein paar Möglichkeiten ein, die zu Ihnen passen. Auf die gleiche Art können Sie übrigens nicht nur mit den Doppeldecker-Thesen verfahren, sondern auch mit Ihren persönlichen Erfolgserlebnissen und Aha-Momenten.

Wenn Sie sich für eine intensivere Weiterarbeit an der coachenden Haltung interessieren, sollten Sie unbedingt noch das Nachwort lesen!

Wie auch immer Sie den Lernprozess angehen: Setzen Sie das Thema „Entwicklung“ auf Ihre Agenda! Verankern Sie es so, dass es nicht zwischen den Alltags-To-dos verlorengehen kann.

Und vor allem:

Gehen Sie stetig und mutig voran!

# Nachwort

Sind Sie in Sachen Coaching auf den Geschmack gekommen? Das Buch konnte Ihnen hoffentlich einen kleinen Einblick in die Bausteine der coachenden Haltung – Konstruktivismus, systemisches Denken und lethologische Haltung – und die daraus resultierenden Änderungen für die Lehre geben.

Vielleicht haben sich bei Ihnen auch schon erste Momente neuer (oder zurückgewonnener) Freude eingestellt? Lesen Sie in diesem kurzen Interviewauszug mit Prof. Dr. Jana Grothe, Wissenschaftliche Leitung der Studiengänge im Bereich Sozialpädagogik (iba), über den Zusammenhang von Freude im Leben und Freude in der Lehre.

» **Jana Grothe:** Ich würde noch ergänzen wollen, Andrea, ich glaube schon, dass diese Coaching-Expertise nicht nur zur Freude in der Lehre beiträgt, sondern auch zur Freude im Leben. Denn wenn ich Freude im Leben habe, dann habe ich auch Freude in der Lehre. Also es haben grundsätzlich, glaube ich, diejenigen, die eine Coaching-Ausbildung haben, die Chance, anders auf Dinge zu schauen, durch diese Ausbildung. Das, was ich am Anfang sagte: welche Brille ich aufsetze, wie ich Dinge wahrnehme. Ich habe eine systemische Ausbildung, ich versuche schon, in meinem Alltag systemisch auf die Dinge zu schauen. Und das hat Einfluss auf meine Freude im Leben und damit, logischerweise, darauf wie ich Lehre empfinde, wie ich dort was wahrnehme, wie ich dort agiere. Und damit auch auf Freude in der Lehre. «

Wenn Sie die Inhalte vertiefen möchten, stehen Ihnen im Großen und Ganzen zwei Wege offen.

- Variante 1 wäre, dass Sie eine komplette Coaching-Ausbildung durchlaufen.
- Bei Variante 2 bauen Sie durch intensive und angeleitete oder begleitete Selbstreflexion die Coaching-Elemente in Ihrer Lehre noch intensiver aus, als es Ihnen alleine möglich wäre.

Selbstverständlich spielt bei beiden Varianten die Abwägung von Geld- und Zeitaufwand einerseits sowie des erwarteten Nutzens andererseits eine große Rolle.

Eine seriöse Coaching-Ausbildung dauert mehrere Monate und kostet mehrere Tausend Euro, die Sie aller Wahrscheinlichkeit nach selbst tragen müssten. Der Markt an Ausbildungsgängen ist relativ unübersichtlich. Einen hervorragenden Einstieg bietet der Ratgeber von Wolter (2019), durch den Sie passende Kriterien für die Auswahl kennenlernen.

Variante 2, die intensive und angeleitete oder begleitete Selbstreflexion, können Sie mit deutlich weniger Zeitaufwand und Kosten bewerkstelligen. Hierfür benötigen Sie eine Person, die Ihnen zur Seite steht und die Rolle eines Coachs oder Supervisors übernimmt. Vielleicht ist an Ihrer Hochschule ja so etwas vorgesehen. Die Serviceangebote der hochschuldidaktischen Zentren gehen mittlerweile vielerorts über klassische Workshops hinaus und stellen auch professionelles Personal für solche Zwecke zur Verfügung. Sie finden dies oft unter Begriffen wie „Lehrberatung", „Hospitation" oder eben „Supervision". In einem Vorgespräch lässt sich sicher herausfinden, nach welchen Ansätzen dabei gearbeitet wird und ob Sie mit Ihrem Anliegen, nämlich der Integration weiterer Coaching-Elemente in die Lehre, dort gut aufgehoben sind. Sollte ein solches Angebot an Ihrer Hochschule nicht vorhanden sein, wenden Sie sich an eine externe unabhängige Person mit Coaching-Ausbildung und vorzugsweise mit solider Kenntnis des Hochschulkontexts.

# Literaturverzeichnis


Arn, C. (2016). *Agile Hochschuldidaktik*. Beltz.

Arnold, R. (2015). Systemtheoretische Grundlagen einer Ermöglichungsdidaktik. In R. Arnold & I. Schüßler (Hrsg.), *Grundlagen der Berufs- und Erwachsenenbildung: Bd. 35. Ermöglichungsdidaktik: Erwachsenenpädagogische Grundlagen und Erfahrungen* (2. Aufl., S. 14-36). Schneider Verlag Hohengehren.

Bandura, A. (2012). *Self-efficacy: The exercise of control*. W.H. Freeman.

Barr, R. R. & Tagg, J. (1995). From Teaching to Learning: A New Paradigm for Undergraduate Education. *Change: The Magazine of Higher Learning*, 27(6), 12–26.

Barthelmess, M. (2016). *Die systemische Haltung: Was systemisches Arbeiten im Kern ausmacht*. Vandenhoeck & Ruprecht.

Berg, M. & Seeber, B. K. (2016). *The slow professor: Challenging the culture of speed in the academy*. University of Toronto Press.

Brendel, S., Hanke, U. & Macke, G. (2019). *Kompetenzorientiert lehren an Hochschulen*. Barbara Budrich.

Burk, W. & Stalder, C. (Hrsg.). (2022, in Druck). *Entwicklungsorientierte Bildung – ein Paradigmenwechsel*. Beltz.

Ehlers, U.-D. (2020). *Future Skills: Lernen der Zukunft – Hochschule der Zukunft. Research. Zukunft der Hochschulbildung*. Springer.

Ehlers, U.-D. & Meertens, S. A. (2020). *Studium der Zukunft – Absolvent(inn)en der Zukunft: Future Skills zwischen Theorie und Praxis. Zukunft der Hochschulbildung – Future Higher Education*. Springer VS.

Fischer-Epe, M. & Epe, C. (2016). *Selbstcoaching: Hintergrundwissen, Anregungen und Übungen zur persönlichen Entwicklung* (5. Aufl.). Rowohlt Taschenbuch.

Foerster, H. von & Bröcker, M. (2007). *Teil der Welt: Fraktale einer Ethik ; ein Drama in drei Akten* (2. Aufl.). Carl Auer.

Geißler, K. A. (1985). *Lernen in Seminargruppen: Studienbrief 3 des Fernstudiums Erziehungswissenschaft „Pädagogisch- psychologische Grundlagen für das Lernen in Gruppen"*. DIFF.

Grieshammer, E., Liebetanz, F., Peters, N. & Zegenhagen, J. (2019). *Zukunftsmodell Schreibberatung: Eine Anleitung zur Begleitung von Schreibenden im Studium* (1. Aufl.). WBV Media.

Klein, A. (2019). Betreuen von Abschlussarbeiten. In Klein, A. & Miljkovic, N. *Mein Start in die Hochschullehre: Ratgeber für Erstlehrende*. Haupt/UTB.

Klein, A. (2021). Ein kleiner Schritt: Vorangehen zahlt sich doppelt aus. In *Exposé: Zeitschrift für wissenschaftliches Schreiben und Publizieren, 2021(2)*, 37–40.

Klein, A. (2022, in Druck). Entwicklung oder Entwicklungsorientierte Bildung als Ideal? In W. Burk & C. Stalder (Hrsg.), *Entwicklungsorientierte Bildung – ein Paradigmenwechsel* (S. 116–128). Beltz.

Klein, A. & Gröpler, J.(2022, im Review-Verfahren). Wissensvermittlung, Kompetenzaufbau und Persönlichkeitsentwicklung als übergeordnete Ziele eines Referenzrahmens für wissenschaftliches Arbeiten.

Klein, A., Gröpler, J., Enzmann, B. & Hermannsdörfer, N. (2022). WISAR: Referenzrahmen für wissenschaftliches Arbeiten. In K. Miller, M. Valeva & J. Prieß-Buchheit (Hrsg.), *Verlässliche Wissenschaft* (S. 171–186). wbg Academic.

Konrad, K. (2018). *Lern- und Veränderungsprozesse aktiv gestalten: Mehrebenenkonzepte und Fördertechniken in Coaching, Aus- und Weiterbildung*. W. Kohlhammer.

Kruger, J. & Dunning D. (1999): Unskilled and Unaware of It: How Difficulties of Recognizing One's Own Incompetence Lead to Inflated Self-assessments. *Journal of Personality and Social Psychology*, 77(6), 121–1134.

Lehner, M. (2012). *Didaktische Reduktion*. Haupt/UTB.

McGregor, D. (1960). *The human side of enterprise*. McGraw-Hill.

Migge, B. (2014). *Handbuch Coaching und Beratung: Wirkungsvolle Modelle, kommentierte Falldarstellungen, zahlreiche Übungen* (3. Aufl.). Beltz.

Patrzek, A. (2017). Systemisches Fragen: Professionelle Fragetechnik für Führungskräfte, Berater und Coaches (2. Aufl.). Springer Fachmedien.

Radatz, S. (2010). *Einführung in das systemische Coaching* (4. Aufl.). Auer.

Reich, K. (2012). *Konstruktivistische Didaktik: Das Lehr- und Studienbuch mit Online-Methodenpool* (5. Aufl.). Beltz.

Rosa, H. & Endres, W. (2016). *Resonanzpädagogik: Wenn es im Klassenzimmer knistert*. Beltz.

Ruschin, S. (2021). Expertenaustausch auf Augenhöhe. Beitrag der Hochschuldidaktik zur Curriculumentwicklung. In R. Kordts-Freudinger, N. Schaper, A. Scholkmann & B. Szczyrba (Hrsg.), *utb Hochschullehre. Handbuch Hochschuldidaktik* (S. 363–375). wbv.

Szczyrba, B. & Ulrich, I. (2021). Beratung und Coaching in der Hochschuldidaktik. Eine theoretische, praxeologische und philosophische Klärung zur Professions- und Disziplinbildung. In R. Kordts-Freudinger, N. Schaper, A. Scholkmann & B. Szczyrba (Hrsg.), *utb Hochschullehre. Handbuch Hochschuldidaktik* (S. 239–254). wbv.

Seidl, T. (2021). Förderung von Schlüsselkompetenzen. In R. Kordts-Freudinger, N. Schaper, A. Scholkmann & B. Szczyrba (Hrsg.), *utb Hochschullehre. Handbuch Hochschuldidaktik* (S. 117–128). wbv.

Ulrich, I., & Heckmann, C. (2013). Wirksamkeitsmessung von Hochschuldidaktik. Messmöglichkeiten und Anwendungsbeispiele hochschuldidaktischer Wirksamkeitsmessung. In B. Berendt, A. Fleischmann, N. Schaper, B. Szczyrba, & J. Wildt (Hrsg.), Neues Handbuch Hochschullehre (Rn. I 4.4). Berlin: Raabe.

Wissenschaftsrat (2015). Empfehlungen zum Verhältnis von Hochschulbildung und Arbeitsmarkt - Zweiter Teil der Empfehlung zur Qualifizierung von Fachkräften (Drs. 4925-15), Oktober 2015. https://www.wissenschaftsrat.de/download/archiv/4925-15.pdf?__blob=publicationFile&v=1

Wissenschaftsrat (2022). Empfehlungen für eine zukunftsfähige Ausgestaltung von Studium und Lehre (Drs. 9699-22), Mai 2022. https://www.wissenschaftsrat.de/download/2022/9699-22.pdf?__blob=publicationFile&v=9

Wolter, B. (2019). *Ich will Coach werden: Von der Idee zum Traumberuf. Wie Sie sich qualifizieren und die Grundlage für eine erfolgreiche Coaching-Praxis legen* (2. Aufl.). budrich Inspirited. Barbara Budrich.

## Literaturempfehlungen

Zusätzlich zu den im Literaturverzeichnis aufgeführten Quellen empfehle ich Ihnen die folgenden Werke als Ansatzpunkte für die Vertiefung:

### *Zu Lehre und Didaktik im Allgemeinen*


Arnold, R. (2020). *systhemia-Fieldbook: Tools zur systemischen Veränderungsbegleitung*. wbv.

Arnold, R. & Schüßler, I. (Hrsg.). (2015). *Ermöglichungsdidaktik: Erwachsenenpädagogische Grundlagen und Erfahrungen* (2. Aufl.). Schneider Verlag Hohengehren.

Henze, S. (2019). Eine systemische Perspektive auf Lern- und Kompetenzentwicklungsprozesse im dualen Hochschulstudium. In S. Hess (Hrsg.) *Dual Sozialpädagogik studieren: Chancen, Herausforderungen und Belastungen in einem dynamischen Studienformat* (S. 45–65). Springer VS.

Klein, A. & Miljkovic, N. (2019). *Mein Start in die Hochschullehre: Ratgeber für Erstlehrende*. Utb/Haupt.

Kordts-Freudinger, R., Schaper, N., Scholkmann, A. & Szczyrba, B. (Hrsg.). (2021). *Hochschullehre. Handbuch Hochschuldidaktik*. wbv.

Schneider, M. & Mustafić, M. (2015). *Gute Hochschullehre: Eine evidenzbasierte Orientierungshilfe: Wie man Vorlesungen, Seminare und Projekte effektiv gestaltet*. Springer.

Tremp, P. & Eugster, B. (2020). *Klassiker der Hochschuldidaktik? Kartografie einer Landschaft*. Springer VS.

Schwehm, J. (2017). *Systemisch unterrichten: Fachunterricht prozessorientiert gestalten*. Carl Auer.

Ulrich, I. (2020). *Gute Lehre in der Hochschule: Praxistipps zur Planung und Gestaltung von Lehrveranstaltungen* (2. Aufl.). Springer.


### *Zur Lehre des wissenschaftlichen Arbeitens*


Klein, A. (2022). Blog „Wissenschaftliches Arbeiten lehren". www.wissenschaftliches-arbeiten-lehren.de


### *Zum Coachen und Beraten*


Mendzheritskaya, J., Ulrich, I., Hansen, M. & Heckmann, C. (2018). *Gut beraten an der Hochschule: Wege zum besseren Lehren und Lernen*. Verlag W. Kohlhammer.

Prior, M. (2016). *MiniMax-Interventionen*. Carl Auer.

Radatz, S. (2010). *Einführung in das systemische Coaching*. Carl Auer.

Szabó, Peter (o. J.). SolutionSurfing. Skalierungsfragen im lösungsorientierten Coaching. https://weiterbildungsforum.ch/werkzeugkiste.251.html?file=tl_files/pdf/werkzeugkiste/SolutionSurfing_Wien04.pdf

# Register

# Die Autorin

Dr. Andrea Klein arbeitet als Dozentin, Coach und Autorin im Bereich Wissenschaftliches Arbeiten und Forschen. Im Jahr 2019 hat sie den Online-Kongress „Studienfeuer" ins Leben gerufen (www.studienfeuer.de). In hochschuldidaktischen Workshops entwickelt sie mit Dozierenden Herangehensweisen für die Lehre sowie für die Betreuung und Begutachtung studentischer Arbeiten. Ihr Fach-Blog www.wissenschaftliches-arbeiten-lehren.de richtet sich ebenfalls an Dozierende. Aktuell leitet Andrea Klein eine Arbeitsgruppe, die einen Referenzrahmen für wissenschaftliches Arbeiten konzipiert.

## Arbeitsschwerpunkte

jeweils in Verbindung mit **Wissenschaftlichem Arbeiten und Forschen**:

- Persönlichkeits-/Ich-Entwicklung
- Hochschuldidaktik
- Führung
- Coaching
- Künstliche Intelligenz und akademische Integrität

## Relevante Weiterbildungen

Zertifizierungs-Workshop zum I-E-Profil™: Stufen der Persönlichkeitsentwicklung, Dr. Thomas Binder

Personal und Business Coach IHK, Dr. Brigitte Wolter

## Publikationen

Eine immer aktuelle Publikationsliste finden Sie unter www.perfectible.de.

## Kontakt

andrea.klein@wissenschaftliches-arbeiten-lehren.de